LE JARDIN
conception et aménagement

Le Jardin, conception et aménagement
est l'adaptation française de *Designing your Garden*

Édition originale
Réalisation : Collins & Brown Limited
Rédaction : Ken Beckett, Steven Bradley,
Noel Kingsbury et Tim Newbury
Conception graphique : Kevin Williams, assisté
de Dave Crook, Claudine Meissner et Allan Mole
Consultant graphique : Tim Foster
Direction artistique : Roger Bristow
Consultant jardinier : Joanna Chisholm
Édition : Alison Freegard, Jacqueline Jackson, Amanda Lebentz,
Hilary Mandleburg et Ginny Surtees
Assistante éditoriale : Lisa Pendreigh
Photographies : Howard Rice et George Taylor
Illustrations : Ian Sidaway

Un Berry Book, conçu et édité par Susan Berry pour Collins & Brown

Édition française
sous la direction de l'équipe éditoriale
de Sélection du Reader's Digest
Direction éditoriale : Gérard Chenuet
Responsable de l'ouvrage : Philippe Leclerc
Lecture-correction : Béatrice Omer,
Catherine Decayeux, Emmanuelle Dunoyer
Couverture : Agence Média
Fabrication : Frédéric Pecqueux

Réalisation de l'adaptation française
AMDS (Atelier Martine et Daniel Sassier)
5, rue Sivel - 75014 Paris
Traducteurs : Évelyne Brochard, Robert Jainin, Isabelle Taudière,
Martine Sassier, avec la collaboration de Julien Dagorne
Conseillère de la rédaction :
Catherine Ruetschmann,
ingénieur horticole

Montage PAO : Atelier Michel Ganne

Première édition

ISBN : 2-7098-1027-1

Photogravure : Hong Kong Graphic and Printing Ltd
Impression et reliure : Midas Printing Ltd, Hong Kong.

Achevé d'imprimer : novembre 1998
Dépôt légal en France : décembre 1998
Dépôt légal en Belgique : D-1999-0621-19

Sommaire

Le projet d'aménagement

Dans l'art paysager, la clé de la réussite tient autant à des critères pratiques qu'à des soucis esthétiques. Pour que votre jardin devienne un espace de charme agréable à vivre, commencez par bien étudier les diverses possibilités d'aménagement.

Certes, de nombreux parcs et jardins séduisent par leur caractère sauvage, qui n'a souvent été obtenu qu'au prix d'efforts que vous ne soupçonnez même pas ; en fait, pour parvenir à allier l'utile à l'agréable, vous ne devrez rien laisser au hasard. Faute d'une vision d'ensemble, un espace auquel vous aurez consacré beaucoup de temps, d'argent et d'énergie risquera de manquer d'allure ou de paraître trop prosaïque.

Comme pour une maison que vous agrandiriez en y ajoutant des pièces les unes après les autres, l'improvisation ne vous conduirait qu'à un véritable fouillis.

Un plan d'aménagement vous permettra d'imaginer le futur résultat : tracez les lignes de force autour desquelles s'articuleront les divers volumes, puis disposez harmonieusement tous les éléments que vous souhaitez intégrer – quitte, peut-être, à renoncer à certaines envies. Profitez-en pour faire la liste de tous les matériaux dont vous aurez besoin. Veillez à ce qu'ils soient parfaitement adaptés à l'usage que vous leur réservez ; renseignez-vous sur les prix et, le cas échéant, sur les délais de livraison.

Dès lors, rien ne vous empêchera de procéder par étapes. Établissez un calendrier réaliste des travaux en fonction de votre budget, bien entendu, mais aussi du temps que vous pouvez raisonnablement leur consacrer.

Divisez votre terrain en différents secteurs (voir p. 11), que vous aménagerez peu à peu, en commençant de préférence par les abords de la maison.

Remodeler un jardin en friche

Avant toute chose, prenez le temps de bien observer votre jardin. Pour piteux qu'il puisse vous paraître, il présente très certainement des points forts qu'il conviendra de garder, de mettre en valeur et d'intégrer à de nouvelles composantes.

Examinez chacun des éléments qu'il renferme aux différentes heures de la journée, et, avant de décider de leur sort, pesez le pour et le contre : ce grand arbre semble bien triste en hiver, sans ses feuilles… Mais faut-il renoncer au précieux ombrage qu'il offre en été ? Sans lui, le perron ne risque-t-il pas d'être écrasé de soleil ? Ne donne-t-il pas tout son caractère au jardin ? Pourquoi sacrifier cette haie qui masque si joliment le grillage ?

Changement de décor
Une fois restructuré, ce petit jardin, autrefois livré aux broussailles (en encart), est méconnaissable : tracée dans le prolongement de la terrasse, la pelouse bordée de massifs et de bosquets élargit la perspective.

Les principes de base

La bonne utilisation de formes et de motifs simples dans le traitement des surfaces horizontales (massifs de fleurs, dallages…) et verticales (pergolas, kiosques…) est un premier gage de réussite : bien plus agréable au regard qu'un décor surchargé, un jardin sobre est plus facile et moins onéreux à agencer et à entretenir.

Étrangement, plus le terrain est petit, plus on est tenté de le « meubler ». Évitez ce piège en limitant d'emblée vos ambitions : prévoyez une terrasse, une pelouse, une cabane à outils, voire une aire de jeux pour les enfants, mais oubliez vos rêves de tonnelle et de gloriette !

Autre règle d'or : ne mélangez pas trop de matériaux. Choisissez deux ou, tout au plus, trois types de dallage, et harmonisez les éléments architecturaux (clôtures, grillages, pergolas, treillis…) en optant soit pour le bois, soit pour le fer forgé, soit pour le fil de fer.

De même, préférez des végétaux rustiques, qui charpenteront votre jardin. Selon les saisons, installez des parterres et des bordures ne comptant que quelques espèces, plantées par groupes de 3 à 5 sujets.

L'impact de ces îlots de fleurs ou de verdure sera bien plus convaincant qu'une collection hétéroclite de plantes isolées.

Un caprice de botaniste
Une simple allée de dalles disposées en chevrons suffit à structurer ce magnifique jardin, foisonnant d'arbustes et de plantes vivaces.

L'unité de l'ensemble

Pour marier avec bonheur des éléments disparates, organisez-les autour d'un thème central. L'harmonie sera créée par une couleur dominante, par un matériau privilégié, ou par des motifs, des lignes et des volumes.

Les couleurs

L'unité de ton peut s'obtenir grâce à des éléments du jardin, ou à la végétation. Dans le premier cas, vous assortirez bien la tonalité des dallages, clôtures, palissades et murets, ou vous associerez des teintes chaleureuses.

Vous pouvez aussi jouer plus subtilement sur les coloris des plantes à fleurs. Des massifs tapissés de blanc ou de rouge conviendront à un grand terrain ; mais un espace plus restreint s'accommodera mieux de nuances complémentaires.

Le fin du fin serait de coordonner les dominantes des plantations et celles du revêtement des allées et des constructions en dur.

Les matériaux

Ils apportent de la cohérence au jardin. Construisez par exemple les murets, la terrasse, les dallages et les bordures de parterre tout en brique, ou en brique et en pierre. Pour créer une atmosphère plus campagnarde, choisissez du bois massif pour les structures verticales.

Les motifs, lignes et volumes

Les structures et les éléments dont vous avez envie ne sont pas nécessairement bien assortis. Jouez alors l'audace et misez sur les motifs géométriques pour les unifier. Les surfaces planes se prêtent à merveille au cercle et au demi-cercle, figures qui trouvent souvent un écho dans certains volumes : pensez aux arbustes buissonnants et aux espèces telles que le buis et l'if, qui se taillent volontiers en boule. Plus classique, le découpage du terrain en carrés ou en rectangles permet de délimiter des secteurs auxquels vous attribuerez une vocation : pelouse, terrasse, coin barbecue…

Éloge de la symétrie
Deux petites marches que flanquent deux arbustes vigoureux plantés en conteneur ont suffi à rompre la monotonie.

Les grands principes

« Harmonie » : voilà peut-être le maître-mot de la création de votre jardin. Vous voulez qu'il soit paisible, mais aussi beau et attirant, et que l'art et la nature s'y rejoignent pour atteindre à un équilibre idéal. Le parfait accord entre les différents éléments qui occuperont l'espace sera déterminant pour le résultat final.

La présence de la couleur est essentielle mais, les fleurs étant relativement éphémères, il est parfois difficile de maintenir l'intérêt végétal douze mois sur douze. Plus votre jardin sera structuré, avec beaucoup de plantes « architecturales », moins il sera indispensable d'avoir des fleurs toute l'année.

La conception des petits jardins est délicate. Toutes les plantes y sont bien visibles, aussi n'y a-t-il guère de place pour les espèces à floraison spectaculaire. Préférez de beaux feuillages et des fleurs plus pérennes.

Créer un point central
Ce tout petit jardin est parfaitement agencé. Les sentiers de gravier le structurent tandis que les plantes n'adoptent aucun plan strict.

La création d'une structure

La structure d'un jardin s'obtient grâce aux plantes les plus grandes ou les plus hautes, qui le divisent en différentes parties. Les arbres ou les arbustes qui s'élancent telles des colonnes sont très impressionnants, et ils présentent l'avantage d'occuper peu de place. Ceux qui étalent largement leurs frondaisons, les haies, véritables murs végétaux, ou les plantes à la silhouette puissante constitueront une « ossature » visuelle. Les arbustes moins structurés, aux contours plus doux, et les vivaces à fleurs en seront la « chair ». Certains des jardins les plus réussis sont ceux qui marient la raideur de formes clairement définies, par exemple celle des haies taillées et des topiaires, et la souplesse des parterres fleuris et des bosquets arbustifs.

Un plan naturel
Ce jardin tout simple réunit tous les atouts de la réussite : un écrin d'arbres et de haies, un espace de détente et un horizon limité.

Un intérêt constant

Certains jardiniers apprécient que tout leur jardin soit fleuri au même moment. Ils aiment voir au printemps éclore une masse de bulbeuses, ou au début de l'été fleurir les roses et les vivaces, et ils s'accommodent de laisser leur terrain dépeuplé le reste de l'année. Cependant, la plupart d'entre nous préfèrent prolonger le temps d'intérêt du jardin, et nous nous efforçons de mélanger les plantes pour qu'il y ait toujours quelque chose, ou un coin, à admirer.

Un jardin a besoin de temps pour atteindre sa plénitude, et il ne vous laissera jamais en paix. En planifiant vos plantations à court, moyen et long terme, vous éviterez les grands vides qui découragent même les plus patients. Les arbres, est-il besoin de le dire, ont le développement le plus lent. Les arbustes, eux aussi, demandent de nombreuses années pour parvenir à maturité et, si vous ne comptez que sur eux, vous risquez de ne jamais jouir de leur beauté. Les vivaces herbacées, elles, s'installent avec une étonnante rapidité, tandis que les annuelles remplissent leurs promesses puis disparaissent.

Couleur printanière
Ce contraste inhabituel entre des tulipes rouges et des giroflées jaunes pare au printemps le jardin de couleurs vives.

Feuillage d'automne
Une frondaison spectaculaire apporte à la fois formes et couleurs, comme en témoignent les ors de ce Liquidambar orientalis *et (derrière) les superbes rouges de cet érable du Japon (*Acer palmatum *'Osakazuki').*

L'harmonie et le contraste

La création est affaire toute personnelle. Ce que les uns aiment beaucoup, les autres ne l'apprécient pas forcément.

Des jardins très équilibrés, où toutes les couleurs adoptent les mêmes nuances et où rien ne heurte ni ne surprend le regard, sont des lieux calmes et reposants. Ceux qui préfèrent l'animation s'émerveilleront devant des teintes plus vives et contrastées, et des formes plus spectaculaires de feuilles et de plantes.

L'harmonie s'obtient facilement avec des compositions uniformes. Les « jardins blancs » sont paisibles et sans complication. Les créations basées sur le contraste des couleurs sont beaucoup plus personnelles. Elles peuvent susciter chez les uns une grande émotion, et chez d'autres un véritable choc.

Contraste
Les formes larges et audacieuses, comme celles de cet agave à feuilles panachées (à gauche), se détachent sur un arrière-plan plus doux. Le contraste des couleurs vives est créé par le jaune-vert de la plante grasse et le rose de l'orpin.

Douces harmonies
En été, les bleus, les roses et les mauves délicats de ce parterre de vivaces herbacées (à droite) s'harmonisent avec leurs formes doucement ondulantes.

Un jardin en trois dimensions

En dessinant votre plan d'aménagement, n'oubliez pas que votre jardin est un espace en trois dimensions. Les esquisses ne rendent compte que des contours et de l'encombrement au sol des divers éléments, mais chacun d'entre eux, par sa hauteur, son port et sa densité, créera aussi un volume.

Qu'elle repose sur le décor végétal, sur les constructions, ou sur un habile mariage entre les deux, l'ossature du jardin naît précisément des volumes. Un bouleau pleureur et un conifère en fuseau produiront des effets radicalement opposés ; une sphère de buis fera un clin d'œil à des boules de pierre décoratives.

Tonnelles, arcades, haies, clôtures, murets et autres structures verticales permettent d'isoler à volonté certains espaces, ou au contraire de leur donner de la profondeur.

Tous les agencements proposés ici intègrent ces détails, qui ont en fait une grande importance, et ils ont été pensés en trois dimensions.

Les murs d'enceinte sont habillés de plantes grimpantes, les arcades et pergolas transforment la perspective vers d'autres parties du terrain, les arbres et arbustes d'ornement sont mis en valeur, tandis que des massifs, des marches et des accessoires viennent meubler les grandes étendues dallées ou gazonnées.

L'intérêt de la verticalité

Les éléments verticaux vivifient l'atmosphère du jardin. Sachez tirer parti des clôtures, des haies, des grands arbres, voire de la façade la plus insignifiante, pour donner du caractère à votre paysage.

Cherchez-vous à créer une part de mystère, à aménager des espaces d'intimité, ou tout simplement à masquer une vue peu agréable ? Dressez des écrans de verdure, laissez deviner un lointain hypothétique derrière les branchages d'un arbre largement étalé ou la claire-voie d'un treillis, arrêtez le regard par un bosquet. Si vous faites le choix de telles cloisons, préférez les haies, buissons et bosquets aux infrastructures définitives telles que les murets, talus et clôtures… au cas où vous changeriez un jour d'avis !

Cette pièce d'eau ou cette jolie statue mériteraient d'être mises en valeur ? Installez-les sous la frondaison de grands arbres ou au contraire derrière une arcade, ou au bout d'une allée d'arceaux fleuris.

Étudiez l'exposition de votre terrain afin d'exploiter au mieux les éléments architecturaux et les hautes structures végétales pour créer des puits de lumière et des zones ombragées. Et n'oubliez pas qu'un jardin, même s'il n'est pas très grand, gagne toujours à être divisé en espaces plus petits.

Un terrain en pente douce
Les formes, lignes et volumes des marches, de la pergola et des massifs exubérants se conjuguent pour accentuer le léger dénivelé de ce jardin.

Vue sur cour
On devine à peine les immeubles voisins dans ce havre de verdure isolé par des treillis couverts de plantes et d'épais feuillages retombants.

L'ossature du jardin

Derrière ses façades en verre ou en brique, tout immeuble repose sur des fondations, qui charpentent et solidarisent ses éléments.

De même, la structure d'un jardin doit s'appuyer sur des lignes de force, qui peuvent permettre de le diviser en différents espaces, selon les besoins de chacun – elles délimiteront une aire de jeux pour les enfants ou un potager. Si votre terrain associe les formes du décor végétal, des accessoires d'ornement et des constructions en dur, il deviendra un ensemble harmonieux, cohérent en toutes saisons.

Cette ossature s'impose d'autant plus quand, en hiver, la nature est au repos, ce qui est le cas sous nos climats tempérés. Faute de quoi, un jardin luxuriant en été se transformera en triste friche pendant la saison froide. Prévoyez donc des arbres de belles dimensions et des haies nettement tracées qui, même dénudés, affirmeront leur présence. Mais ils ne doivent cependant pas masquer les autres points forts du décor : que vous optiez pour des feuillus ou des conifères, imaginez leur forme, leur port, leurs proportions et le coloris de leur feuillage quand ils se dresseront au-dessus des massifs et des plates-bandes.

Si vous souhaitez diviser votre terrain en petits secteurs, installez des treillis, clôtures, pergolas et tonnelles pour délimiter le potager, l'aire de jeux, le coin repos… Plus il est petit, plus la variété créera une illusion d'espace. Veillez toutefois à agencer et habiller judicieusement les structures verticales pour que, l'hiver venu, elles gardent tout leur cachet.

Un espace cloisonné
Ce haut treillis habillé de verdure ferme un jardinet tout en ouvrant une perspective sur une allée surmontée d'une arcade fleurie.

Structure buissonnante
De petites haies de buis taillées (ci-dessus) structurent la végétation des parterres.

Structure géométrique
*À la belle saison, la frondaison de ces robiniers (*Robinia pseudoacacia *'Frisia') ombrage un coin de repos, tandis que la haie de conifères offre une toile de fond permanente.*

La conception du plan

Lieu privilégié de vie et d'agrément, le jardin est également une vitrine, qui reflète la personnalité de chacun. Tout le plaisir de l'art paysager consiste à s'approprier cet espace pour en faire un endroit unique, comme nous le sommes tous, correspondant à nos envies et marqué de notre griffe.

La conception du décor exige autant de rigueur qu'elle laisse libre cours à la fantaisie. Vous ne manquez certainement pas d'inspiration, mais vos ambitions sont-elles réalisables ? Vous voudriez consacrer tout votre espace à un potager plutôt que d'y semer une grande pelouse ? Pourquoi pas ? Mais si vous avez de jeunes enfants, prévoyez de leur interdire le jardin, ou résignez-vous à les voir piétiner vos salades et se régaler de vos tomates et de vos fraises !

Commencez par établir un cahier des charges mentionnant les désirs et les besoins de chacun – parfois contradictoires. Puis recensez les contraintes du terrain, décidez des éléments que vous éliminerez et de ceux que vous allez intégrer, dans un souci à la fois esthétique et fonctionnel. Lorsque votre projet aura globalement pris forme, vous aurez tout loisir de vous pencher sur les détails et de vous occuper des allées, des passages et des problèmes de sécurité.

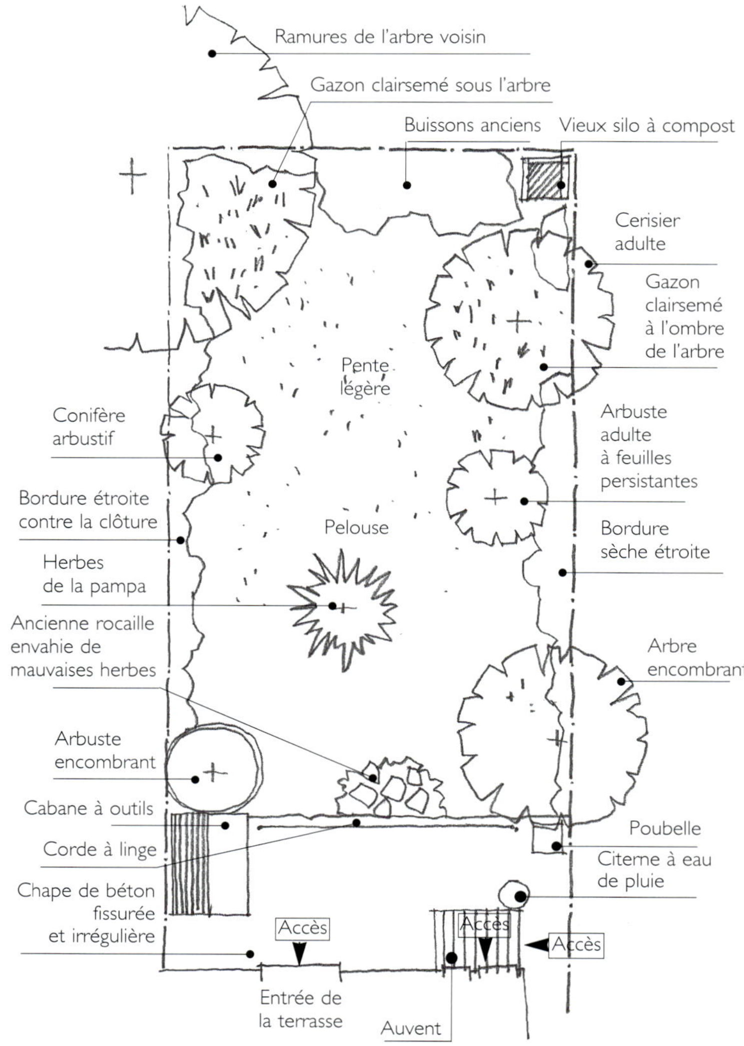

Modifier un jardin existant
Dressez le plan actuel de votre jardin et confrontez-le à votre cahier des charges afin de mieux cerner ses avantages et ses inconvénients. Ici, on a gardé le cerisier du fond et la chape de béton qui, après quelques aménagements, deviendra une jolie terrasse.

Le cahier des charges

Dressez la liste, par ordre de priorité, de ce dont vous avez besoin et envie pour rendre convivial votre jardin familial.

À ce stade, ne vous perdez pas dans les détails.

Définissez tout d'abord les dimensions et les contours du terrain, la façon dont il s'organise et l'emplacement des principaux éléments architecturaux et ornementaux.

Ce n'est qu'ensuite que vous vous attacherez aux détails, depuis la couleur des dallages jusqu'aux variétés de plantes et de fleurs.

Pour l'utilitaire

Corde à linge ou séchoir parasol
Allées
Cabane à outils
Écran du réservoir à mazout
Silo à compost
Éclairage
Serre
Clôtures plus hautes
Local à poubelles
Réserve de bois ou de charbon

Pour l'agrément

Terrasse ou coin repos
1 à l'ombre en été
2 au soleil
Bancs
Pelouse
Aire de jeux
Pièce d'eau
Arcade ou pergola
Gloriette
Statues/éléments décoratifs

Pour l'ornement

Arbres
Arbustes
Rosiers
Bordures vivaces
Jardinières, bacs et pots
Parterres d'annuelles
Massifs
Rocailles
Plantes aquatiques

Autres plantations

Arbres fruitiers
Plantes aromatiques
Potager
Petits fruits

La sécurité

C'est un point très important, surtout si vous avez dans votre entourage de jeunes enfants ou des personnes âgées.

Veillez à la régularité des marches d'escalier (voir p. 31). Si elles sont recouvertes d'un dallage sombre, signalez leur présence par une bande claire, ou prévoyez un éclairage. Tapissez l'aire de jeux d'écorce broyée ou de copeaux de bois pour amortir les chutes (voir p. 24). Évitez les plantes vénéneuses telles que l'if *(Taxus bacata)* et l'aconit *(Aconitum)*.

L'aménagement de l'espace

Lieu de création et de liberté, un jardin présente aussi un certain nombre de contraintes dont il vous faudra tenir compte : dimensions, exposition, ombre portée par les bâtiments ou les arbres, poches d'humidité, qualité et épaisseur de la terre… Recensez-les et utilisez-les pour modifier votre cahier des charges.

Si la taille du terrain ne vous permet pas d'installer une serre, contentez-vous d'un simple châssis. Vous avez dû rayer de la liste le verger et le potager de vos rêves ? Qu'à cela ne tienne… Conduits en espaliers sur les murs, pommiers, poiriers et autres fruitiers seront aussi beaux que des arbres d'ornement. Vous ferez pousser vos salades dans des plates-bandes ou dans de jolies jarres, qui occuperont une place de choix sur votre terrasse. Joignez l'utile à l'agréable en installant sur vos treillis et pergolas des haricots grimpants ou des mûriers sans épines.

Dans un espace restreint, vous aurez aussi intérêt à regrouper tous les éléments utilitaires auxquels vous avez souvent accès (cabane à outils, local à poubelles, etc.).

Un nouveau plan
Le nouveau plan du jardin a fait disparaître certains éléments, mais en inclut d'autres.

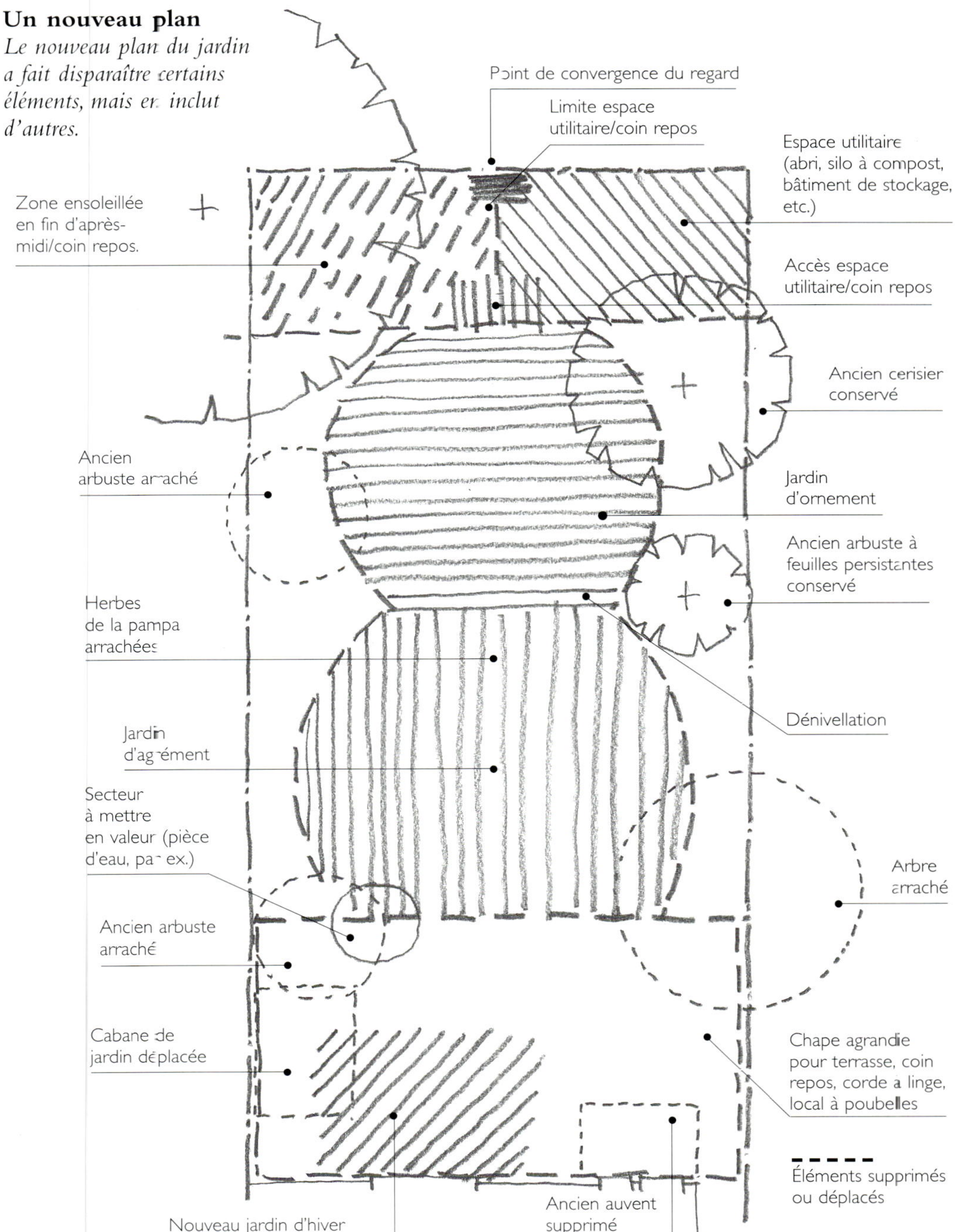

Pour les promenades

Définissez d'emblée le tracé et la largeur des allées ou sentiers qui relieront les différentes parties du jardin.

Veillez à ce que les passages essentiels, entre la maison, le garage, la cabane à outils et le fond du jardin, par exemple, restent praticables à toute heure de la journée et en toute saison. Pensez que vous devez pouvoir circuler aisément partout, et éventuellement vous y déplacer avec une brouette. À partir de là, vous les aménagerez et vous les embellirez comme vous le souhaitez.

Le tracé de ces parcours délimite les différentes parties du jardin et contribue à son atmosphère : une grande allée toute droite offre une vue dégagée, tandis que des sentiers serpentant sous les arbres créent une ambiance plus intime.

Accentuez ces effets en jouant sur les revêtements : un grand rectangle de pelouse invite à méditer, une allée étroite et pavée incite à hâter le pas.

Un tracé géométrique
Entre les massifs de ce jardin à la française, les allées de gravier permettent d'admirer tout à loisir les plantations.

Le tracé du plan

Votre projet commence à prendre forme, mais il demeure au stade des esquisses préliminaires. Il vous faut maintenant le formaliser pour vous assurer de sa faisabilité. Relevez précisément les dimensions du terrain et des éléments existants, et dressez un plan à l'échelle, qui vous permettra de visualiser les proportions des différents espaces et de travailler leur aménagement. Ne sacrifiez pas le fonctionnel à l'esthétique, et définissez chaque secteur en fonction de son exposition, à divers moments de la journée et de l'année. Une pelouse ensoleillée accueillera des chaises longues, mais l'aire de jeux sera légèrement ombragée et placée de façon à ce que vous puissiez toujours avoir un œil sur les enfants. La terrasse est plus délicate à positionner : dans l'idéal, elle devrait prolonger la maison, mais si elle est écrasée de chaleur en été, prévoyez un endroit ombragé où vous replier en cas de canicule. Évitez également les dallages et les meubles trop éblouissants.

Une question d'échelle

Un plan à l'échelle vous fournira un aperçu réaliste de votre terrain.

Il vous suffira ensuite de multiplier les dimensions portées sur le papier par le taux de l'échelle pour obtenir celles de votre jardin, dans toute sa réalité.

Choisissez une échelle simple, au 1/100 (1 cm sur le dessin représente 1 m sur le terrain) ou, pour plus de précision, au 1/50 (2 cm correspondent à 1 m sur le terrain). Ainsi, au 1/50, une clôture de 10 m sera schématisée par un trait de 20 cm, alors qu'un rectangle de 10 cm sur 6 figurera une terrasse de 5 m sur 3.

Relevez les cotes exactes du terrain (largeur, longueur et diagonale), indiquez l'emplacement des éléments existants et les distances qui les séparent. Portez mention des quatre points cardinaux, qui vous permettront de repérer l'exposition des divers endroits du jardin.

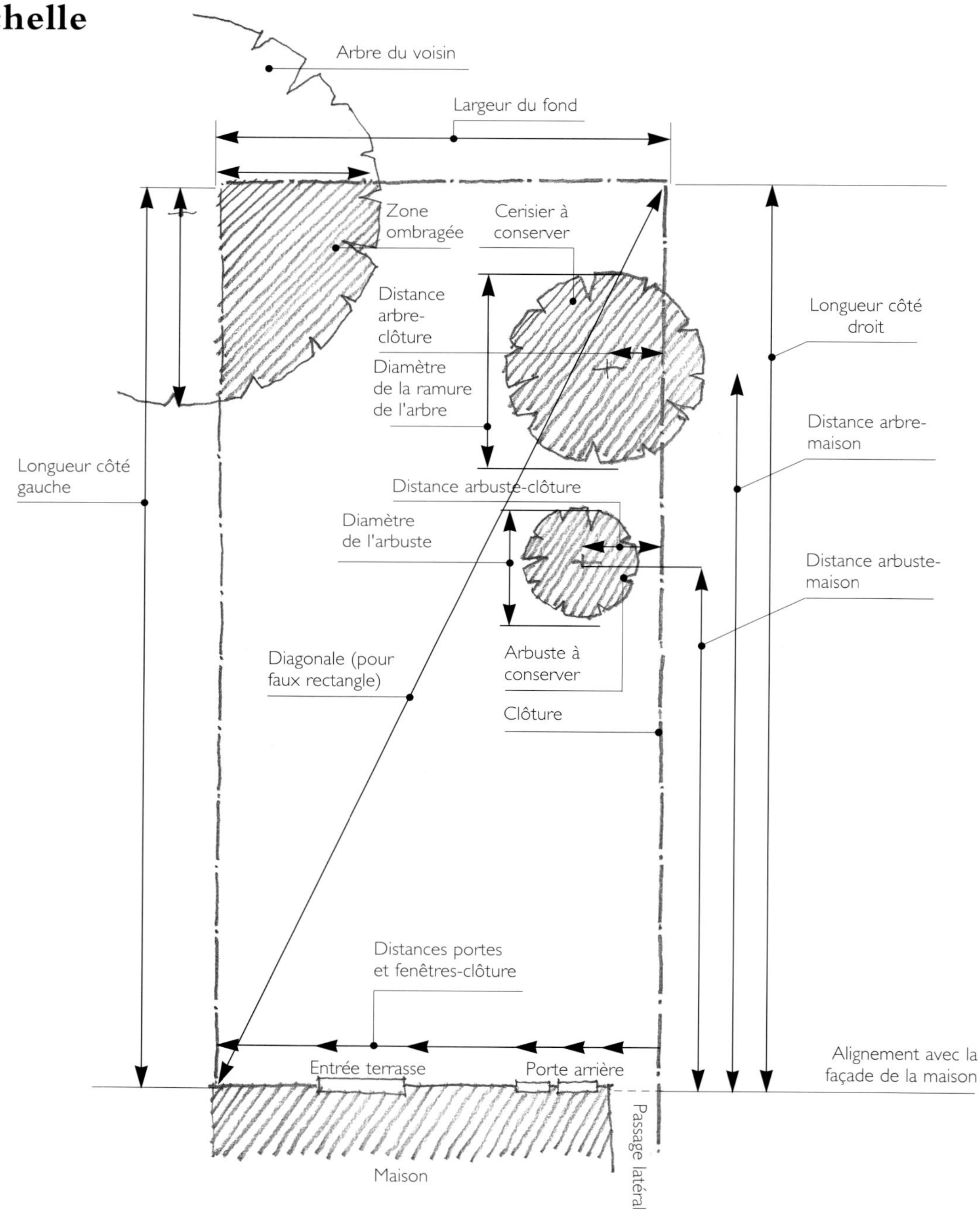

Le relevé des mesures
Notez par des lignes de cotation les dimensions du terrain et des éléments à conserver, notamment les arbres et les arbustes. Votre jardin n'étant sans doute pas un rectangle parfait, mesurez aussi sa diagonale.

Le plan terminé

Ce jardin d'agrément a été conçu en fonction du cahier des charges établi p. 10. Relativement facile à entretenir, il est aussi fonctionnel que séduisant. Le grand cercle de pelouse, qui occupe presque toute la largeur du terrain, est beaucoup plus facile à tondre qu'une juxtaposition de petits carrés de gazon !

Située à l'endroit le plus ensoleillé du jardin, cette étendue verte prolonge la terrasse, élargissant ainsi l'espace à vivre. Un petit coin repas, plus familial et intime, a été aménagé à l'ombre du grand arbre, au fond à gauche.

La fontaine trône au beau milieu du jardin d'ornement, recouvert de gravier. On aurait tout aussi bien pu y placer une statue, une belle vasque, un cadran solaire ou un arbuste décoratif planté dans un joli bac ou entouré d'un massif de fleurs.

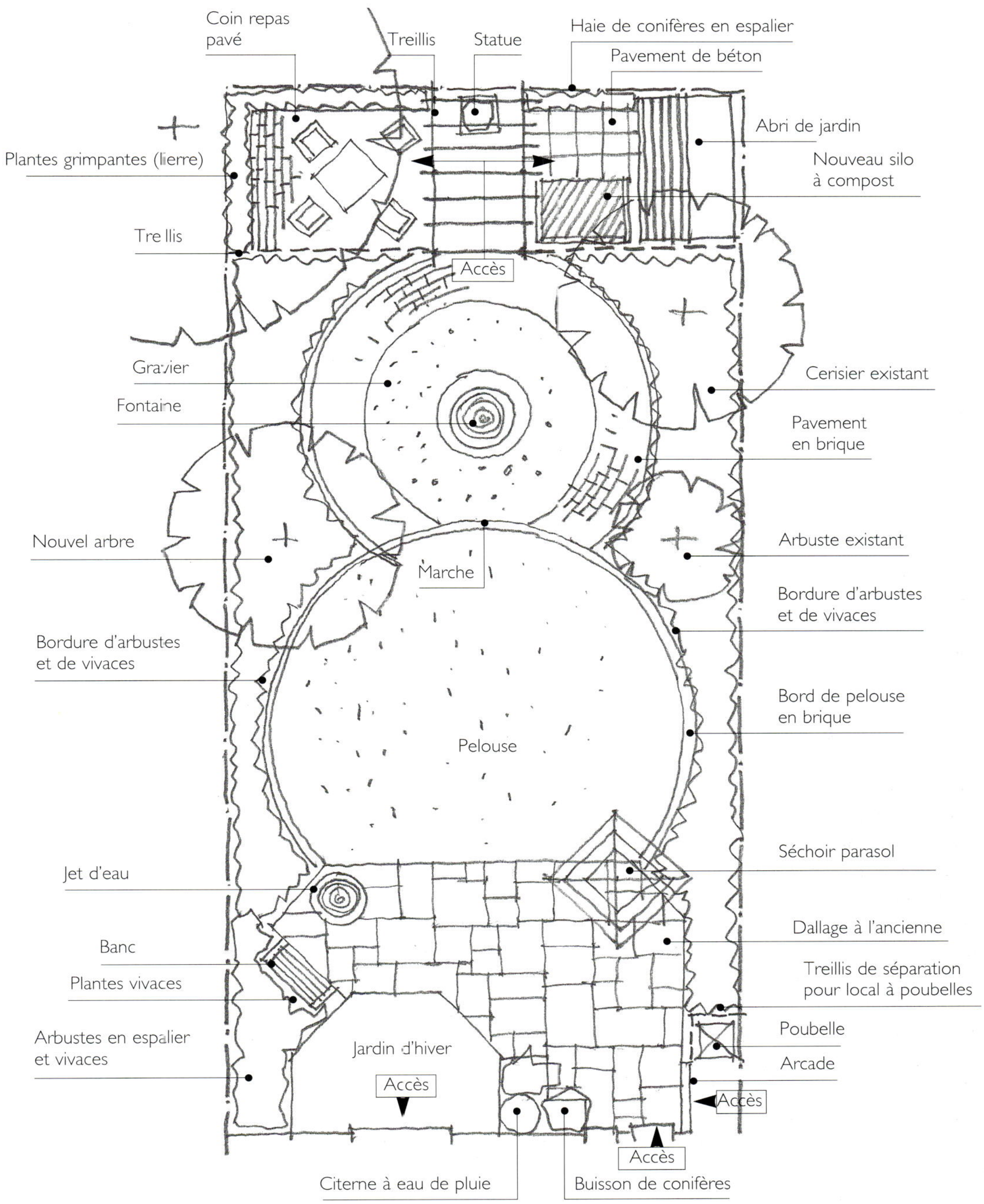

Les encombrements

Il est parfois difficile d'évaluer l'encombrement de certains éléments. Si vous envisagez de prendre vos repas sur la terrasse, chacun doit avoir suffisamment de place pour s'y mouvoir.

Reportez sur un schéma les mesures de vos meubles de jardin et déterminez la largeur des passages nécessaires. Pour accueillir une table rectangulaire et 6 fauteuils, il faut une surface d'au moins 3,60 m de long et 3,30 m de large. Avant tous travaux, indiquez l'emplacement au sol des objets volumineux à l'aide de piquets et de cordeaux. De même, pour déterminer la largeur minimale d'une allée, passez le long de son futur tracé avec une brouette et placez des repères de part et d'autre du trajet – si vous voyez trop petit, vous écraserez les bordures dans les virages !

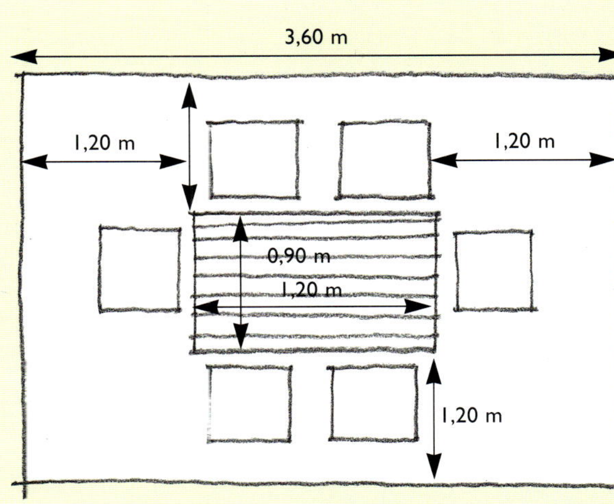

La création du jardin

Votre plan est parfaitement conçu... sur le papier ! Il faut maintenant rentrer dans le concret. Que vous décidiez de vous charger de tous les travaux ou de les confier à des professionnels – dont vous vous serez bien sûr assuré qu'ils sont sérieux –, pesez bien le pour et le contre. La première option a ses avantages : elle est moins onéreuse et vous permet de voir peu à peu se concrétiser votre projet. Mais vous y passerez énormément de temps et vous devrez être un bricoleur d'élite pour attaquer le gros œuvre : apprenez dès maintenant à tirer des cordeaux, à travailler les dénivelés et, si votre terrain l'exige, à aplanir les talus.

Au besoin, échelonnez les travaux – et par là même les frais – sur plusieurs années, en fonction des loisirs dont vous disposez et des saisons les plus propices aux diverses tâches.

Mais il n'est rien de pire qu'un chantier qui s'éternise ! Si vous êtes découragé par l'ampleur de la tâche ou si vous savez que vous ne l'achèverez pas dans les délais souhaités, faites appel à un entrepreneur : il sera certainement plus habile que vous pour daller une terrasse ou paver une allée. Présentez-lui éventuellement votre cahier des charges et demandez-lui un devis détaillé afin d'éviter toute mauvaise surprise.

Les étapes du chantier

Il est souvent judicieux de prévoir plusieurs tranches de travaux, étalées sur 2 ou 3 ans. Plus le terrain est grand, plus il doit être traité méthodiquement. Commencez par un secteur précis et aménagez-le complètement, depuis les travaux de terrassement jusqu'aux plantations. En attendant, laissez le reste du jardin en prairie, en potager, ou même en « négligé artistique ». La deuxième année, consacrez-vous à un autre secteur, et ainsi de suite. Vous pouvez aussi regrouper les interventions selon leur nature. Occupez-vous d'abord des ouvrages de maçonnerie, des sols, et plantez quelques espèces à croissance lente. Dans un deuxième temps, vous monterez la pergola et les arcades, creuserez la pièce d'eau, installerez de nouveaux arbustes et sèmerez la pelouse. Les finitions se feront au cours de la troisième année : décorations, espaliers, treillis, plantes grimpantes, fontaine et jardin d'hiver, par exemple.

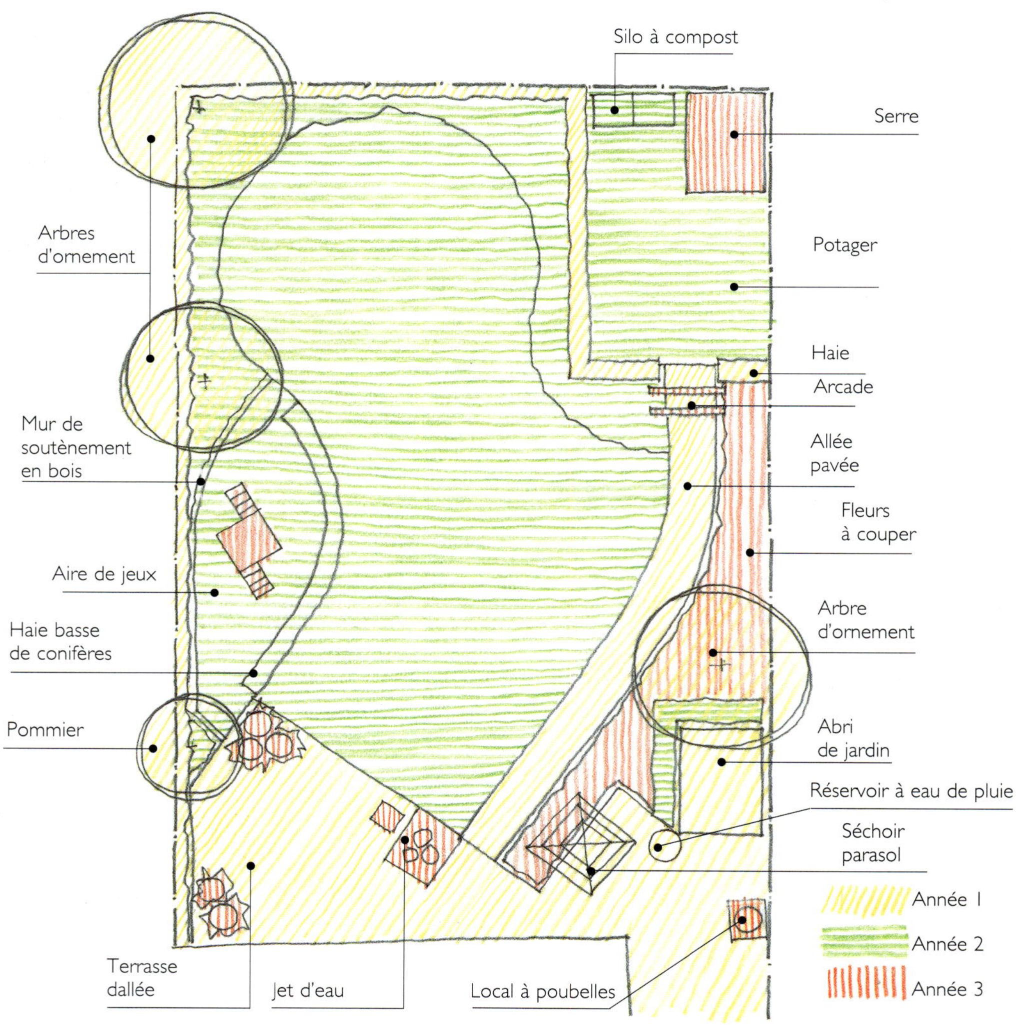

Une réalisation sur 3 ans

Sur ce plan de jardin familial *(voir. p. 16)**, chaque couleur correspond à une tranche de travaux prévue sur une saison. Les plantations structurales et les ouvrages de maçonnerie aux abords de la maison sont prioritaires.*
Année 1 (marron)
Terrasse, allée, abri, séchoir parasol, arbres, haies du potager, plantes grimpantes sur les clôtures et les murs.
Année 2 (vert)
Pelouse, aire de jeux, haie de l'aire de jeux, écran d'arbustes autour de l'abri, préparation du sol du potager, silo à compost.
Année 3 (rouge)
Jet d'eau, arches, plantes grimpantes sur arches, bordures de bruyères, d'herbes aromatiques et de fleurs à couper, local à poubelles, décorations, bacs et pots, balançoire et accessoires de jeux.

Le calendrier des travaux

Le gros œuvre se fait souvent sur une seule saison, à condition de respecter certaines précautions : par des températures extrêmes, un mortier de béton risque de geler ou de prendre trop rapidement ; de même, un sol gelé étant pratiquement impossible à travailler, ne prévoyez aucun terrassement ou labour en plein hiver.

Avant de planter votre décor végétal, préparez bien la terre qui accueillera vos plantes.

Choisissez là aussi le bon moment pour sarcler, désherber et biner : il est parfaitement inutile de vous échiner sur un sol gelé ou détrempé.

Attendez le réveil de la nature, entre le printemps et l'automne, pour arracher les racines indésirables et les mauvaises herbes qui commencent à pointer.

Les sols très argileux gagnent à être ameublis en automne et laissés en repos pendant les gelées d'hiver.

Vous entreprendrez ensuite les premières plantations dès le printemps, au risque de voir proliférer les mauvaises herbes, ou vous commencerez par désherber et vous attendrez l'automne suivant.

Bien que la plupart des espèces puissent être mises en terre en toute saison, il mieux vaut profiter de la période de dormance, entre l'automne et le printemps. Mais si vous le faites en été, arrosez généreusement les plantes élevées en conteneur pour les acclimater à leur nouveau milieu. Si vous avez choisi des variétés particulières, demandez à votre pépiniériste de vous les réserver, car il ne les suit pas nécessairement d'une saison sur l'autre.

Cette précaution vous épargnera les improvisations de dernière minute, ou pire, les espaces tristement dénudés dans les bordures.

Le gros œuvre
Évitez de couler du béton ou du mortier par temps froid (autour de 0 °C) ou très humide.

L'aplanissement du terrain

Il arrive qu'un jardin qui, de prime abord, semblait parfaitement plan, doive être nivelé pour accueillir une pelouse, un coin repos ou un dallage. Si cette perspective vous affole, exploitez les légères déclivités pour créer de jolis talus fleuris ou des gradins de jardinières. Mais si votre terrain est vraiment pentu, vous échapperez difficilement aux travaux de terrassement.

Faites appel à un entrepreneur spécialisé pour monter des murs de soutènement qui éviteront tout risque de glissement de terrain. Préférez une succession de petites terrasses à une grande plate-forme. N'éliminez surtout pas la terre qui a été enlevée : elle deviendra un sol fertile idéal pour semer une pelouse dans un autre coin du jardin. Stockez-la en petits tas bien aérés, car, si elle est trop tassée, elle risque de prendre en masse.

Le terrassement

Délimitez la surface à creuser à l'aide de piquets, et tirez des cordeaux sur tout son périmètre. Estimez ensuite la profondeur de l'excavation. Munissez-vous de pieux assez hauts, d'une longue planche – ou de plusieurs planches.

Enfoncez un pieu à chaque extrémité de la pente à aplanir. Posez la planche sur le sommet des deux pieux et vérifiez l'alignement horizontal à l'aide du niveau à bulle. Ôtez la terre sur toute la hauteur de dénivellation A (voir ci-contre). Quand vous aurez terminé, vérifiez l'horizontalité.

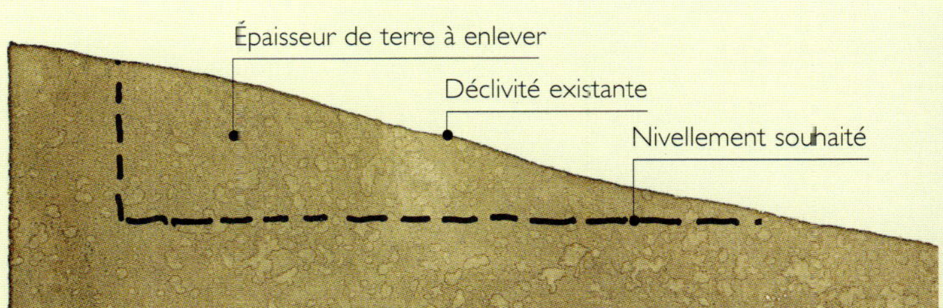

Repérage
Délimitez la zone à creuser et estimez la profondeur du trou.

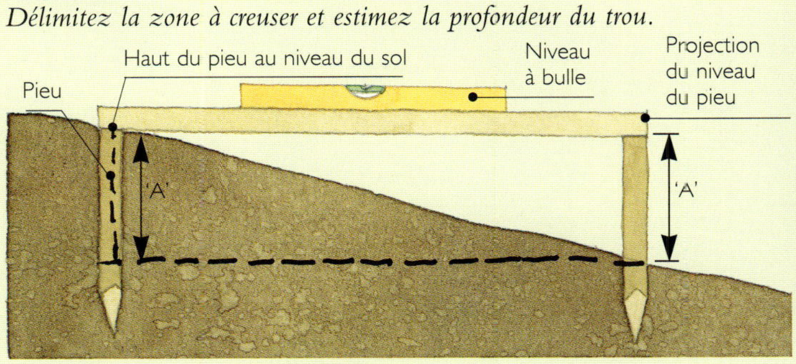

Positionnement des pieux
Alignez le haut des pieux à l'aide d'une planche et d'un niveau à bulle.

Jardin en terrasses
Des massifs en gradins, un coin repos et une gloriette mettent en valeur ce terrain en pente.

Les jardins pour toute la famille

Pour faire rimer vie de famille et plaisirs du jardin, concevez un espace à vivre, dont grands et petits profiteront et qui gardera son charme en toutes saisons. Si vous avez de très jeunes enfants, restez dans la simplicité et dégagez de grandes aires de jeux et de loisirs, dont ils profiteront par tous les temps.

Les trois compositions proposées sur cette double page privilégient la pelouse, qui prolonge la terrasse, et regroupent, pour le côté pratique, tous les éléments utilitaires à proximité de la maison.

Un jardin à vivre en toute saison
Les bosquets d'arbustes ne réclament que très peu de soins et gardent leurs qualités décoratives toute l'année. Ici, ils délimitent une vaste pelouse où les enfants peuvent s'ébattre en toute liberté.

Un espace rectangulaire

Le potager et sa serre sont installés au fond du jardin, face à la terrasse. Cette composition dégage une grande pelouse centrale et élargit la perspective.

L'allée pavée qui relie la maison au potager est praticable par tous les temps. La couleur, la texture et l'appareillage des briques tranchent sur ceux des dalles de la terrasse.

L'aire de jeux est située de façon à ce que les adultes puissent surveiller les enfants de tous les points du jardin, sans pour autant les déranger. Une fontaine décore le coin de la terrasse et sépare habilement espace de vie et espace utilitaire.

Au bout de l'allée légèrement courbe, une arcade rustique où s'accrochent des végétaux ouvre sur le potager.

Les arbres, arbustes et plantes vivaces ont été minutieusement sélectionnés pour structurer et fleurir le jardin toute l'année – et apporter aux maîtres des lieux un minimum de soucis. En saison, les massifs de fleurs permettent de créer de superbes bouquets. Et le petit jardin aromatique se trouve à deux pas de la porte de la cuisine.

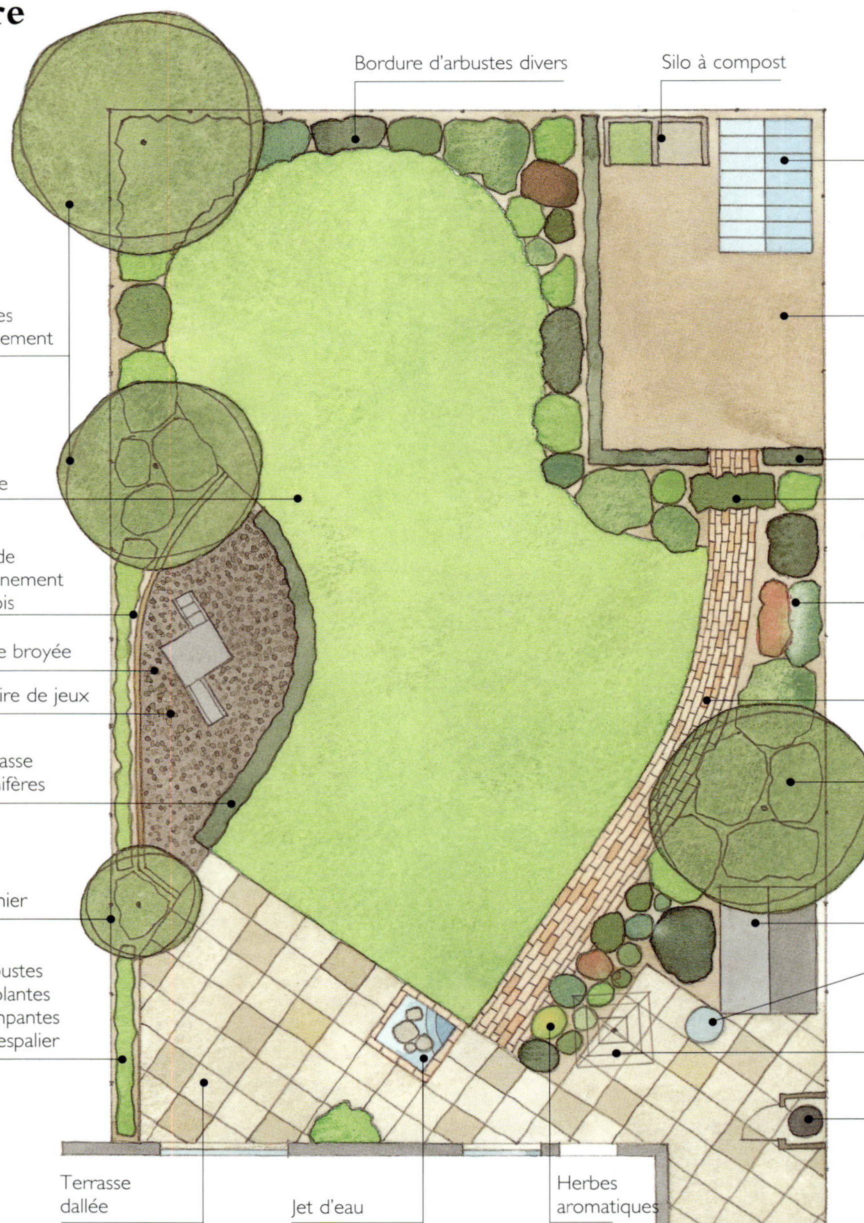

Un espace tout en longueur

Malgré l'étroitesse du jardin, la plupart des éléments du cahier des charges ont été conservés. Le paysagiste a joué sur les angles et les diagonales pour créer une illusion d'espace : la terrasse et le potager se répondent, et l'allée qui serpente élargit la perspective.

Exploiter une allée
La perspective de cette longue allée est approfondie par des plantes luxuriantes empiétant légèrement sur le dallage.

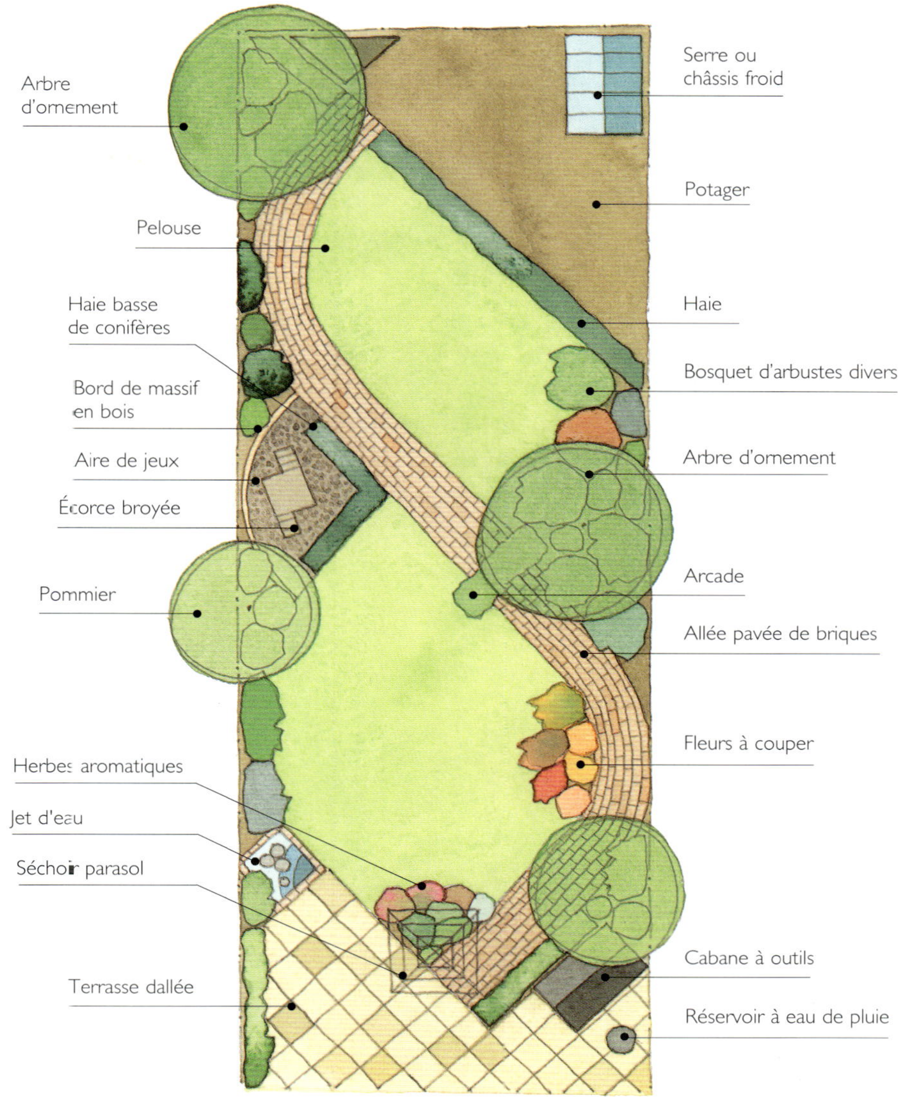

Un espace triangulaire

Chacun des angles du terrain a une vocation particulière : à gauche, le potager se cache derrière une haie ; à droite, l'aire de jeux est adossée à un épais bosquet ; au centre, la terrasse ouvre sur une grande pelouse bordée de verdure. Cette conception ingénieuse exploite le moindre recoin pour dégager de beaux espaces.

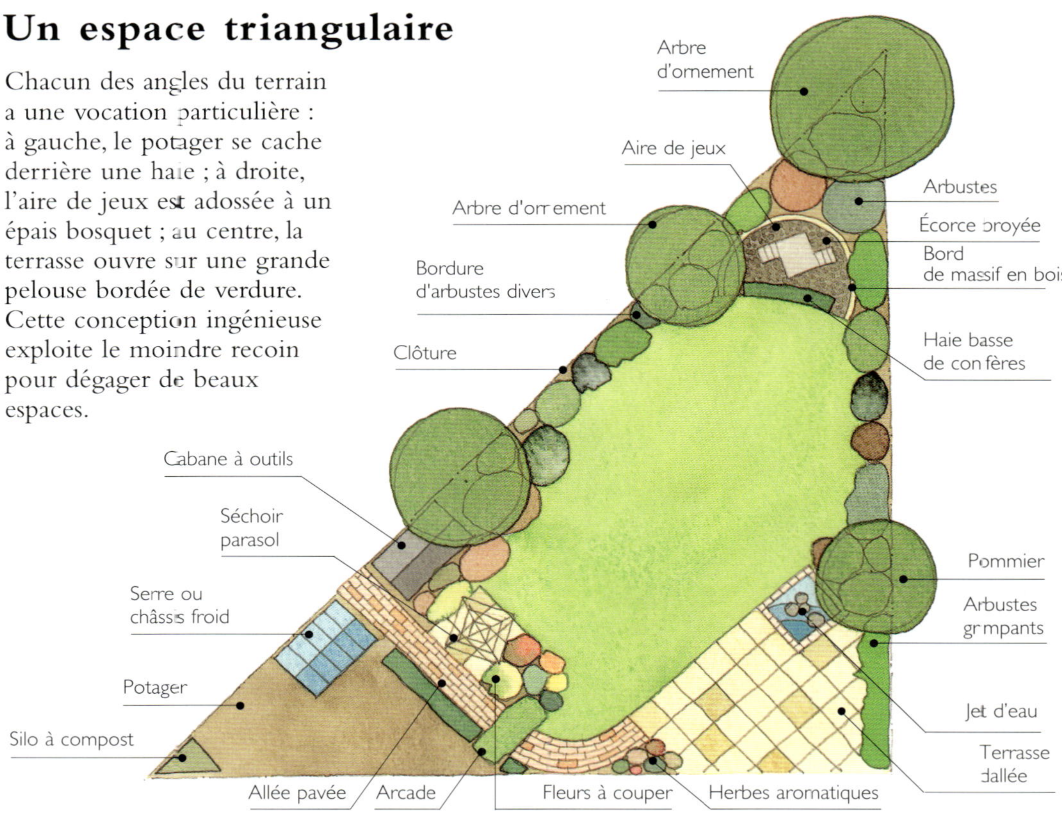

Marquer les séparations
Si le terrain le permet, une légère dénivellation entre la terrasse et le reste du jardin apporte de l'intimité au coin repos.

Les jardins de ville

Heureux propriétaires d'adorables coins de verdure nichés dans le béton ! Certes, votre « jardin » ressemblera sans doute au départ davantage à une petite cour biscornue, étouffante et triste. Mais la grisaille n'est pas une fatalité : avec un peu d'astuce et d'audace, vous réaliserez des merveilles. Commencez par habiller les murs et les recoins ; déjà, l'espace semble s'ouvrir. Puis gommez les angles en basant la composition sur des courbes. Un blanc cassé ou des tons pastel illumineront les cloisons. Et pour votre décor végétal, ne vous limitez pas aux plantes rustiques : ces jardins urbains sont souvent si bien abrités qu'ils accueillent volontiers des espèces fragiles, ou même exotiques.

Un coin de campagne en ville
En plein été, les massifs de fleurs s'habillent de tonalités blanches et beiges qui adoucissent les limites de cette cour intérieure. Les meubles, d'un blanc éclatant, élargissent encore l'espace.

Un espace carré

La composition en spirale efface la rigidité de ce carré. La pièce d'eau et le coin repos sont desservis par une allée en brique bien pensée : son colimaçon souligne les courbes du décor, tandis que le matériau rappelle la rectitude de l'entrée. L'alliance de la brique et du gravier rompt la monotonie d'une ossature résolument minérale qui se fond dans le décor végétal. Pour pallier la platitude du sol, les conteneurs en terre cuite débordant d'annuelles, de cactées et de feuillages colorés attirent le regard.

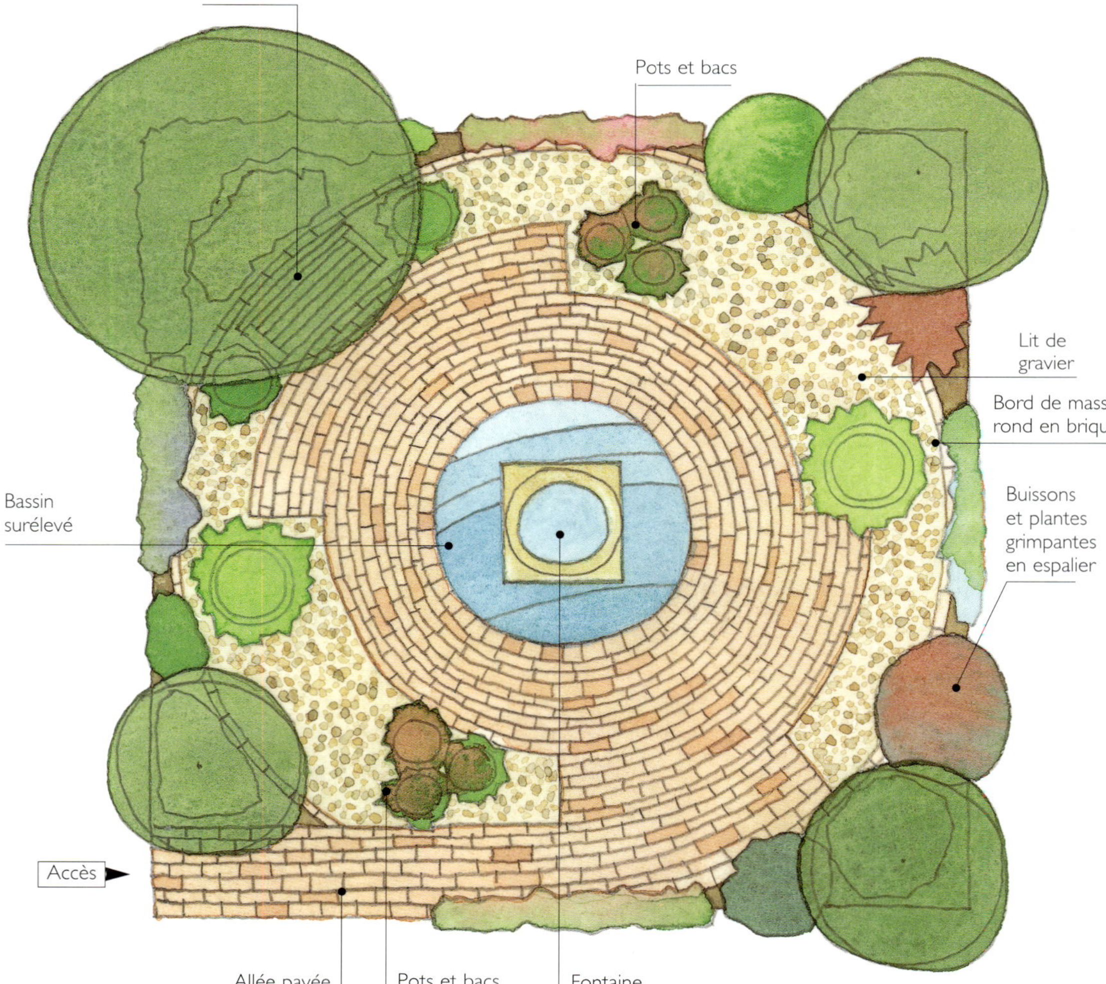

Tout en rondeurs...
Les courbes, omniprésentes, se retrouvent dans les plantations, les meubles, le pavage.

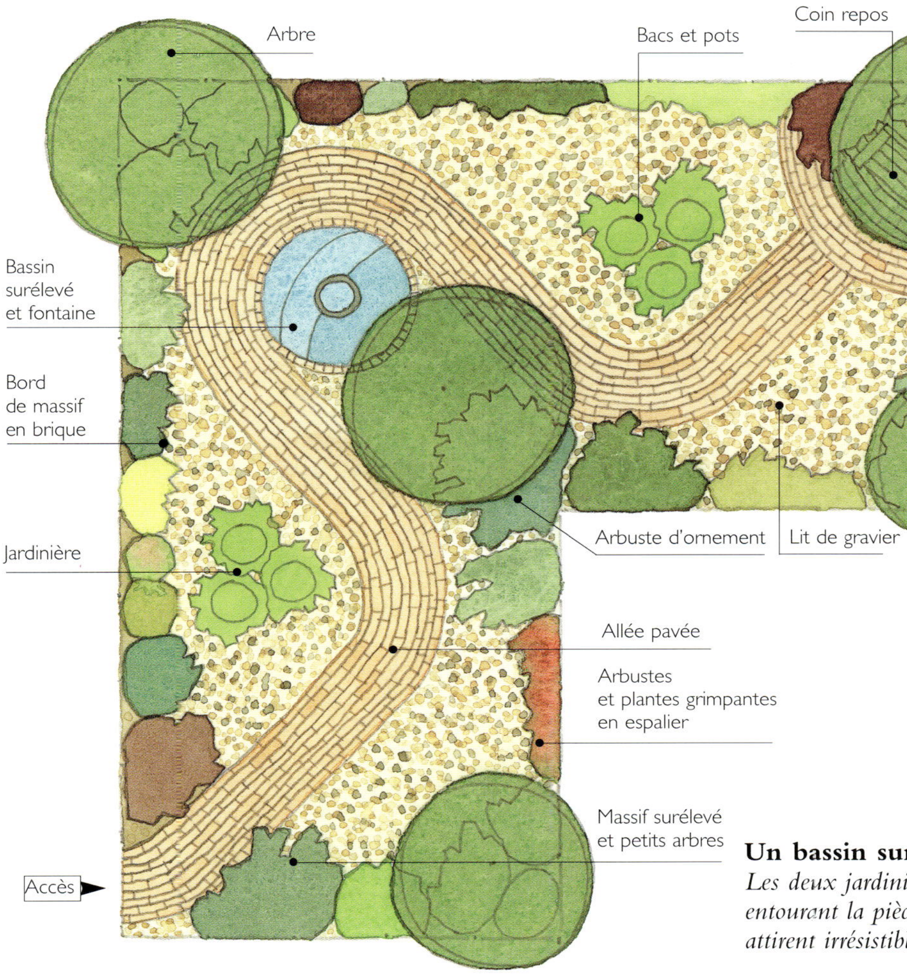

Un espace en équerre

Le cercle domine aussi dans ce jardin de forme originale. Il est souligné par les arrondis élégants des allées et des arbustes longeant les murs.

Le bassin surélevé a été légèrement décalé vers un angle afin d'assurer une transition plus marquée entre les deux côtés de l'espace. Près de l'entrée, un massif surélevé de couvre-sols est planté au pied d'un arbre.

Un bassin surélevé
Les deux jardinières en brique entourant la pièce d'eau surélevée attirent irrésistiblement le regard.

Un espace rectangulaire

Dans ce rectangle parfait, le coin repos a été installé dans un angle du jardin, et l'allée sinueuse qui y mène apporte une impression d'espace.

Le thème circulaire, toujours reposant, se retrouve dans le pavement du coin repos et dans le bassin surélevé et la fontaine.

Salon de jardin
Selon les saisons, installez les meubles de jardin dans un coin ombragé ou ensoleillé, l'essentiel étant que l'on puisse déplacer les chaises et circuler autour de la table.

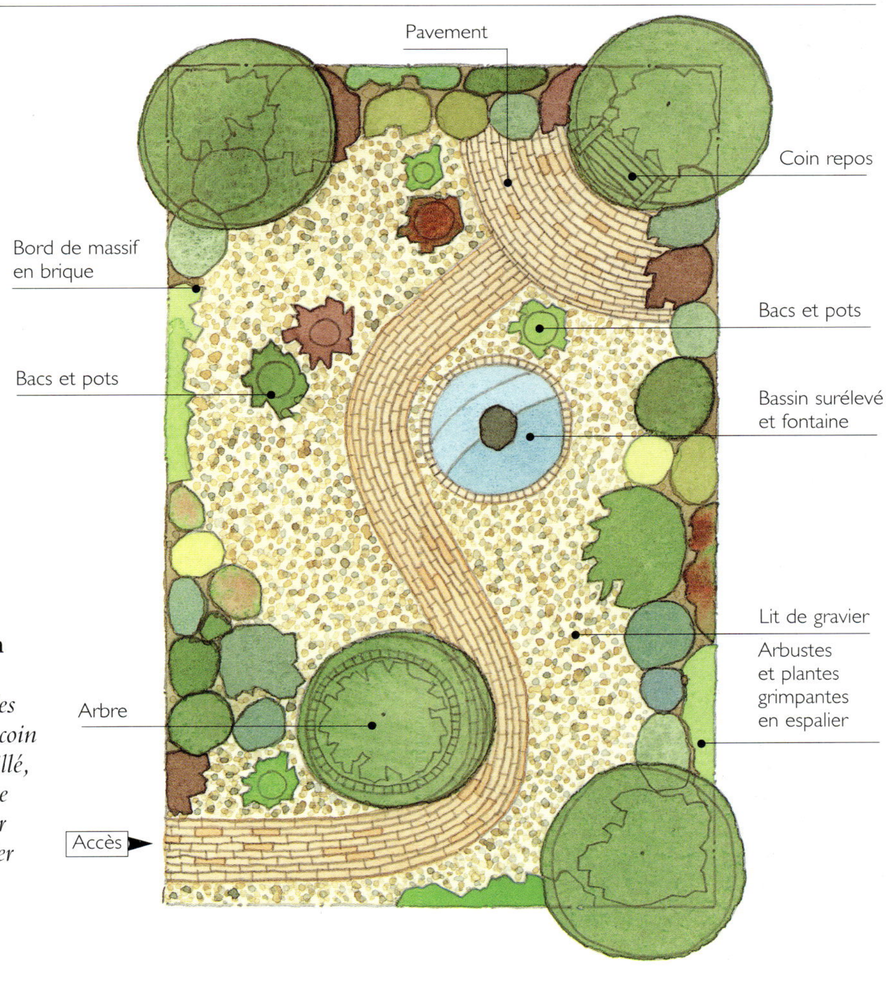

Les jardins faciles à vivre

Vous n'avez pas envie de passer vos week-ends à tondre, ramasser les feuilles, sarcler et biner ? Dans un petit jardin, remplacez la pelouse par du gravier ou des dalles. Évitez les compositions sophistiquées, les bordures tarabiscotées et les arbres ou arbustes feuillus sur les pelouses. Optez pour les formes simples et les longues formes courbes. Si vous craignez d'oublier l'arrosage, évitez les plantes en pots ; installez plutôt en pleine terre des espèces rustiques, et privilégiez celles qui « poussent toutes seules » et forment un épais tapis végétal.

Bois et dalles
Ces matériaux n'exigent que très peu d'entretien : un bon vernis marin sur les bois, un coup de balai de temps en temps…

Un espace tout en longueur

La plate-forme en bois, les allées, le bassin et le gravier demanderont un minimum d'entretien. L'étroitesse du terrain est atténuée par la plate-forme étirée sur toute la largeur.

Le sentier caillouteux qui dévie entre le bassin et le coin repos et l'arbre d'angle ouvrent le tunnel du jardin.

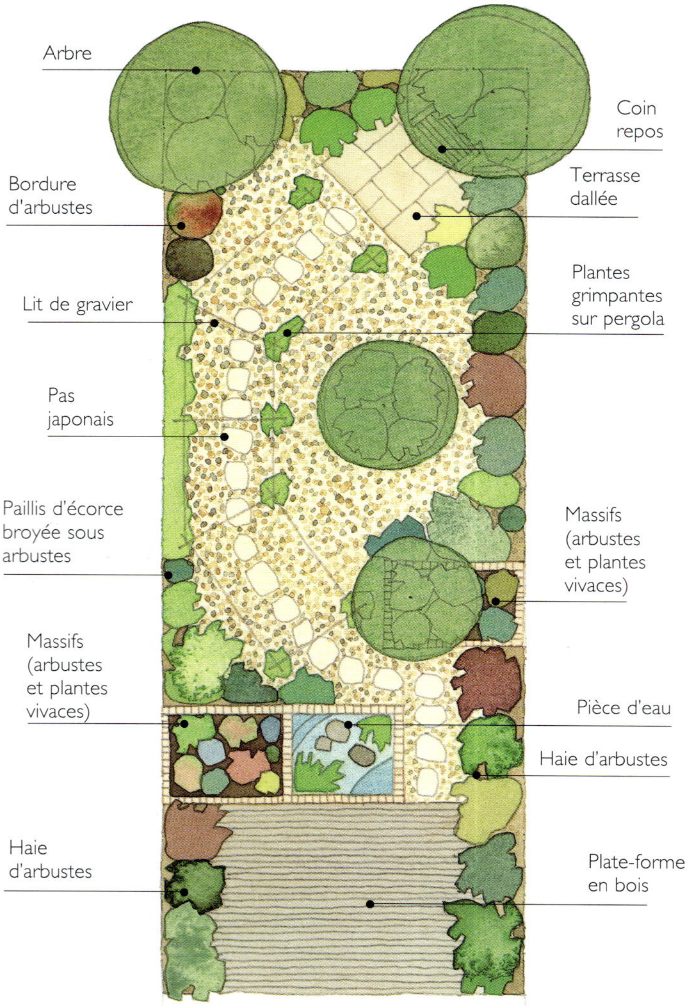

Un espace rectangulaire

Au centre du jardin, la pelouse a fait place à du gravier, d'entretien relativement facile. Pour éviter qu'il ne s'éparpille, il est séparé des massifs voisins par un tout petit muret en brique, bien assorti aux conteneurs.

Les arbustes et les plantes vivaces qui constituent l'ossature végétale ont été choisis autant pour leurs atouts décoratifs que pour leur rusticité et leurs qualités couvrantes.

À leur pied, un épais paillis d'écorce broyée piège l'humidité et étouffe les mauvaises herbes.

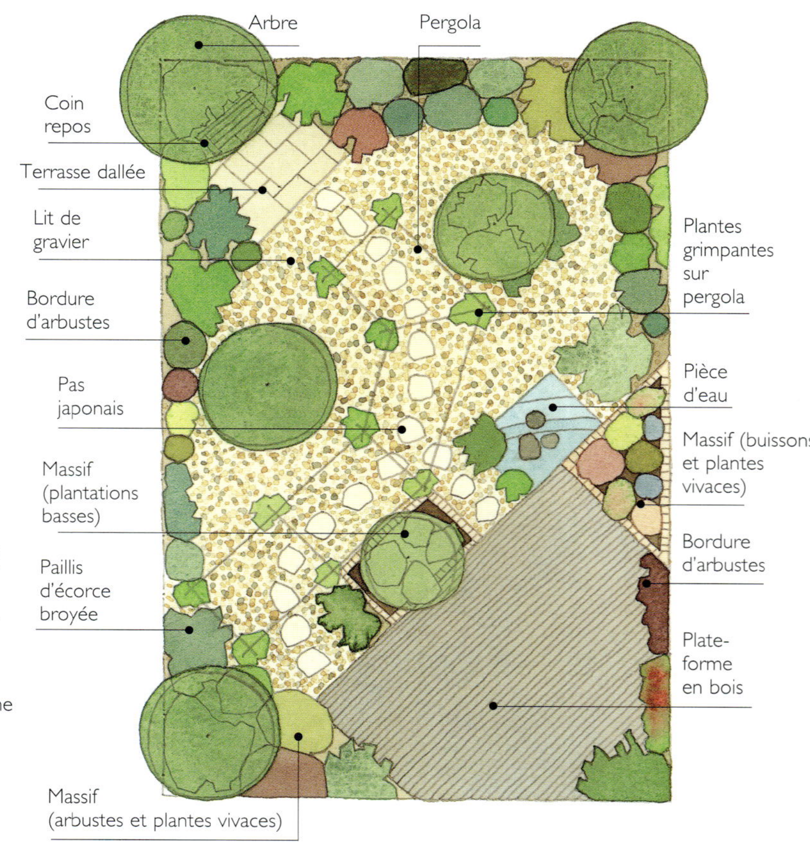

Un espace carré

Dans ce carré rigoureux, tous les éléments sont agencés selon une diagonale, qui élargit la perspective. Le parcours capricieux du pas japonais et la pergola font oublier les limites de l'espace.

Depuis la plate-forme en bois, le regard s'arrête sur le bassin, la terrasse et le grand arbre du coin droit. Malgré ses petites dimensions, le jardin est blotti dans un écrin de verdure qui en adoucit les formes.

Ce type d'agencement fera les délices des botanistes amateurs, mais rien n'est ici prévu pour les enfants.

Un petit air oriental
Un simple robinet en bambou et des feuillages légers sur un lit de rocaille apportent de l'exotisme à ce recoin jadis ingrat.

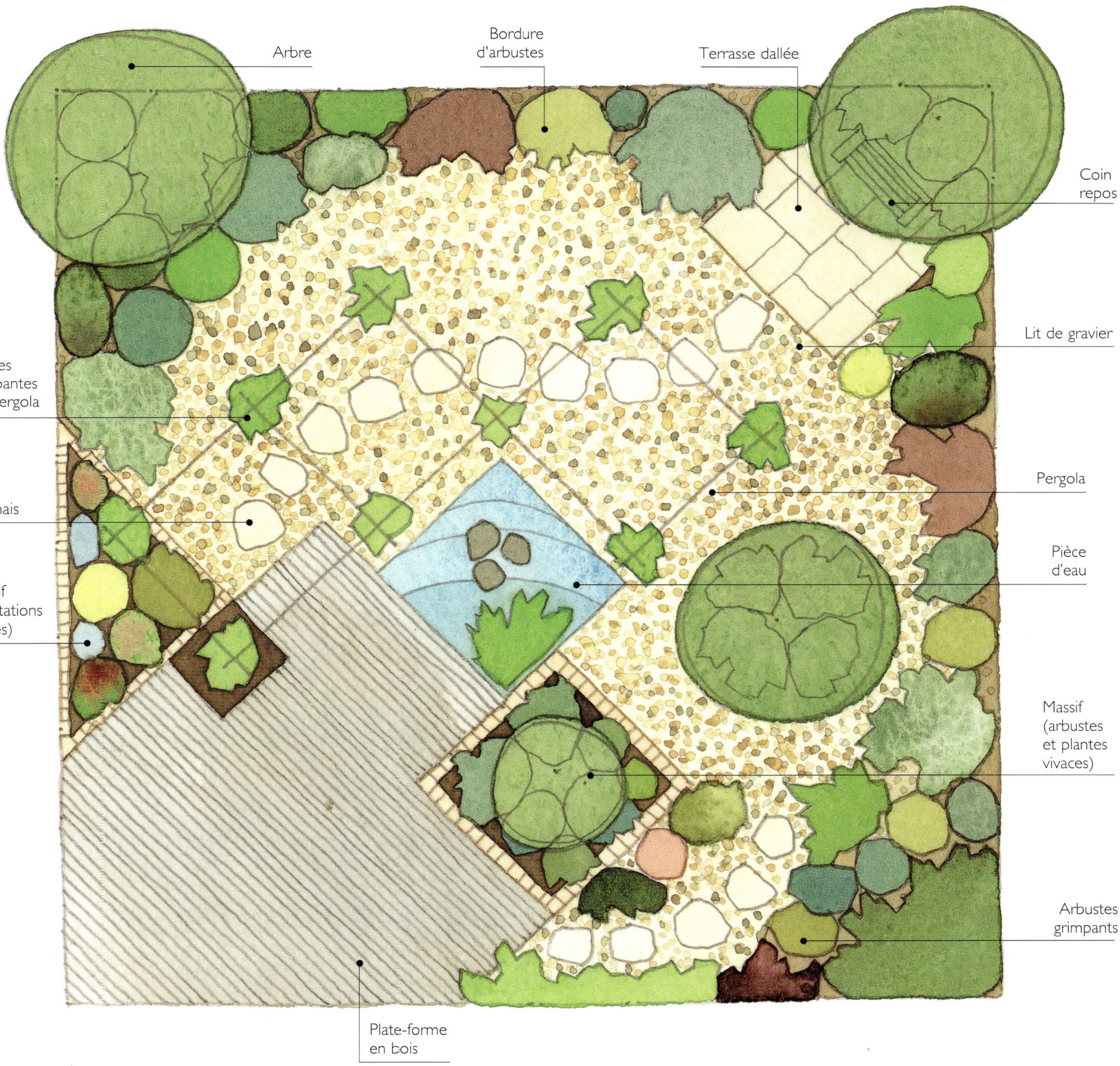

Les grands jardins

Plus un terrain est grand, plus il offre de possibilités. L'absence de vis-à-vis et de grandes façades qui cachent le soleil y autorise toutes les fantaisies – ce qui ne vous dispense pas de rationaliser l'espace.

Regroupez de préférence tous les éléments utilitaires au même endroit afin de garder au reste du jardin sa double vocation d'espace de vie et d'agrément.

Rien n'empêche de consacrer tout un lopin au potager ou au verger, à condition qu'il soit bien délimité et n'empiète pas sur les autres secteurs.

Dans la zone ornementale, adoptez un thème dominant, ou misez au contraire sur la variété si ses différents éléments sont bien séparés.

Place à la nature
Un grand jardin réclame souvent beaucoup de soins, mais vous serez récompensé au centuple par l'exubérance du paysage.

Un espace tout en largeur

Pour rééquilibrer les proportions de ce terrain, la terrasse et la rocaille sont délimitées par des triangles pointés vers le fond du jardin. Loin d'être reléguée dans un recoin, la gloriette participe ici à la charpente de la composition. L'espace est mis en valeur par des transitions en matériaux artificiels ou naturels, qui marquent le passage d'un secteur cultivé à l'autre, ou à une étendue plus naturelle.

L'étang se trouve ainsi derrière une prairie semée de fleurs des champs.

Tout autour se dressent des arbustes hauts et buissonnants entourés de vivaces, dont les contours irréguliers empiètent sur la pelouse et semblent faire reculer les limites du terrain.

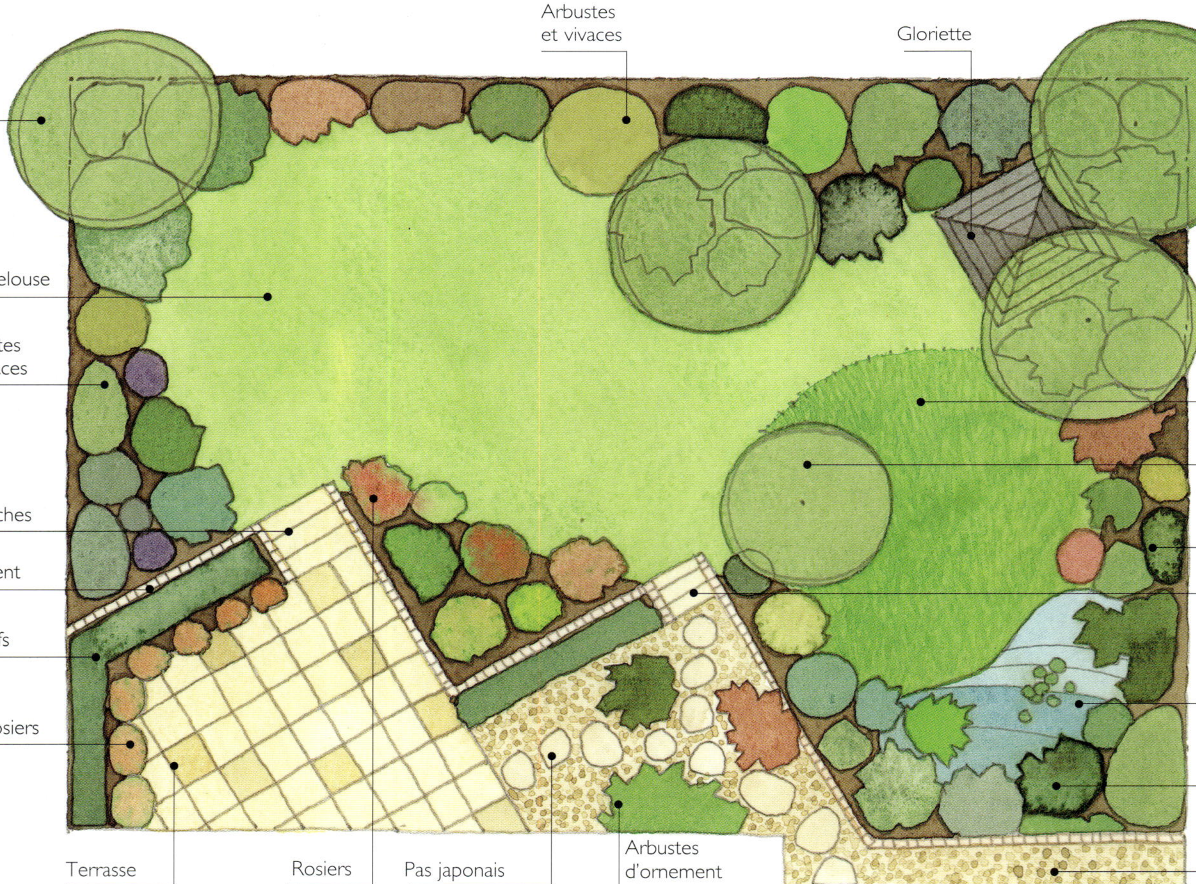

Un espace tout en longueur

La terrasse occupe ici toute la largeur du terrain et donne directement sur un lit de gravier qui, comme la pelouse et la prairie, est délimité par des courbes. Les passages entre ces espaces sont bordés d'arbres et de grands arbustes qui arrêtent le regard et cassent ainsi la perspective. Depuis la maison, les taches de gazon que laissent entrevoir les écrans de verdure invitent à l'exploration.

Une allée plantée de gazon ras borde la prairie, qui se couvre à la belle saison de fleurs sauvages, et conduit le regard vers la gloriette au fond du jardin.

Le tiers supérieur gauche du terrain est le plus sauvage. L'étang aux contours informels se détache du bosquet.

Un petit jardin de marais fait le lien avec la végétation environnante.

Un espace rectangulaire

Grâce à sa belle largeur, ce jardin permet d'associer la terrasse et l'espace de gravier, qui tous deux débouchent par quelques marches sur une grande pelouse. Cette vaste étendue gazonnée donne au paysage de la majesté, mais ses contours irréguliers se marient bien avec les autres plantations et ouvrent sur le lointain. Sur la gauche s'étend une petite prairie où, en été, des fleurs sauvages posent leurs taches multicolores.

Dans cet univers apparemment très discipliné, le promeneur est irrésistiblement entraîné vers des recoins sauvages, et surpris par l'étang et sa gloriette qu'il découvre au détour de bosquets entourés de bulbes.

Plantes de marais
Le faux aloès, le trèfle d'eau et la laîche apprécient de vivre le pied dans l'eau.

L'habillage des surfaces

En théorie, un jardin pourrait parfaitement ne comporter ni dallage ni autre habillage de surface. Dans la pratique, il n'est rien de plus désagréable que de traverser une mer de boue pour rejoindre le potager ou le garage. Un bon revêtement protège des dégâts des intempéries. Les matériaux durs contribuent aussi à l'architecture de l'espace, car ils délimitent le tracé des allées et des espaces cultivés, guidant par là même le regard et les pas. Vous trouverez dans le commerce de très nombreux matériaux. Exploitez cette diversité pour créer un décor agréable et fonctionnel le long des sentiers, dans les coins repos, sur les bords des massifs et les petits escaliers. Jouez avec audace sur les lignes et les textures.

Le choix des matériaux
Les grandes étendues de pelouse et de gravier sont semées d'îlots de plantes basses, tandis que le paillis d'écorce broyée, retenu par des murets en bois, forme un tapis moelleux sur l'aire de jeux.

Un tapis végétal

Pour couvrir une vaste surface, on pense immédiatement au gazon, mais beaucoup plus rarement aux plantes couvre-sols et aux mousses, qui forment pourtant d'épais tapis. Plus originales, ces espèces rampantes présentent en outre l'avantage d'étouffer les mauvaises herbes et servent de « couche d'isolation » qui, par temps chaud, retient l'humidité du sol. En périodes de fortes pluies, leur pouvoir absorbant limite aussi l'érosion du sol.

Une pelouse bien tondue est pourtant irremplaçable pour délimiter et relier les différentes parties du jardin. Son étendue régulière accentue la sérénité du paysage et invite à la détente. Si elle n'est pas trop fragile, elle résistera aux jeux des enfants, mais un piétinement régulier finira par l'user, surtout par temps humide ou en hiver, pendant la période de dormance, quand elle ne se régénère pas seule. N'oubliez pas que, pour conserver son caractère et sa tenue, elle a besoin d'un entretien régulier. Sans compter qu'elle ne parvient à maturité qu'après plusieurs semaines au moins.

Une plate-forme en bois

Les passerelles en caillebotis et les plates-formes surélevées en lattes remplaceront avantageusement les éternels dalles et graviers. Par son aspect et sa texture, le bois apporte au jardin de la chaleur, et convient tout aussi bien aux décors rustiques que modernes ou exotiques. Un revêtement en bois tendre est moins onéreux qu'un dallage de bonne qualité, mais il vaut mieux investir dans des bois durs pour les lieux de passage très fréquentés.

Le premier ennemi du bois est l'humidité, qui favorise l'apparition de mousses et de lichens. Bien que ces parasites ne menacent pas directement sa structure, ils le rendent souvent glissant, et par conséquent dangereux. Traitez-le donc souvent, et installez les structures en bois dans des endroits secs et ensoleillés. Quand vous montez des lattes, ménagez-y de petits interstices pour permettre à l'air de circuler et à l'eau de pluie de s'écouler. Sinon, il vous faudra les traiter régulièrement avec un algicide pour les maintenir en bon état.

Jeux de lignes
La disposition différente des lattes confère à ces plates-formes surélevées un dynamisme certain. Méfiez-vous toujours du bois humide, qui risque de devenir glissant.

Les gravillons et l'écorce broyée

Plus économiques et bien plus faciles à poser que les dalles ou les briques, ces matériaux doivent être étendus sur une surface bien préparée, pour éviter qu'à terme ils ne se dispersent ou ne s'enfouissent.

Dans les petits jardins, le gravier est souvent plus pratique qu'une pelouse. Choisissez un calibre de 2,5 cm pour garnir une allée. Les petits galets et cailloux arrondis plus gros sont décoratifs, mais assez désagréables sous les pieds.

Les paillis d'écorce broyée ont de nombreux avantages : ils amortissent les chutes des enfants dans les aires de jeux, restent moelleux quand vous les foulez et trouvent naturellement leur place dans la plupart des décors extérieurs. Évitez cependant les produits trop fins, qui se gorgent d'eau après la pluie ou se dispersent aux quatre vents dès qu'ils se dessèchent.

Les dallages

Les surfaces très passantes s'accommodent mieux de pavés, briques, pierres naturelles ou reconstituées, dalles en terre cuite ou en béton. Très résistants, ces matériaux sont vendus en version brillante, mate ou patinée.

Un dallage est utilisable presque aussitôt après la pose. En revanche, il revient un peu plus cher qu'une étendue de gazon ou de gravier, et il implique une parfaite préparation du soubassement et une technique irréprochable. Sinon, ces éléments risquent de s'affaisser ou de s'écarter.

Un bon revêtement ne doit présenter aucune irrégularité de surface et surtout ne pas être glissant. Les dalles en marbre ou en béton lisse, notamment, deviennent de véritables patinoires sous la pluie. Les recoins humides pavés de pierre ou de brique risquent pour leur part d'être envahis de mousses et de lichens. Prévoyez une légère déclivité pour assurer l'écoulement des eaux de pluie.

Décor rustique
Idéales pour créer des arrondis, ces petites dalles de pierre grise patinées par le vent et la pluie ont un charme campagnard certain.

Des jeux de texture

Laissez parler votre imagination pour marier audacieusement différents matériaux.

Les pas japonais sont généralement disposés sur des surfaces gazonnées, mais vous ferez preuve d'originalité si vous posez des dalles sur un gravier pour rendre les promenades plus agréables.

Égayez des éléments en béton en les entourant de frises colorées, de petites briques ou de galets, ou disposez-les joliment pour retenir un lit de cailloux. Grâce à de vieux rondins ou à des madriers en bois, vous délimiterez des allées sur le gravier ou les paillis d'écorce broyée, ou vous soulignerez un décor particulièrement attrayant.

Pierre, briques et bois
L'alliance de ces trois matériaux est un heureux mariage entre le minéral et le végétal de ces allées convergeant vers un bassin circulaire entouré de galets. Des mousses et des petites plantes couvre-sols poussent dans leurs interstices.

Briques, béton et galets
L'alternance de briques rouges et de dalles en béton crée une allée colorée, alors que les galets de différentes tailles s'accordent bien avec les formes arrondies des rosettes de feuilles.

Les revêtements de sol

En règle générale, pour que vos revêtements de surface soient plus résistants et n'aient pas tendance à jouer, ne les posez pas directement sur le sol, mais assurez-leur une bonne assise.

Vous réduirez les risques d'affaissement ou de glissement de terrain, d'infiltration d'eau ou de soulèvement par les racines.

Vous poserez donc les graviers, dalles, briques ou pavés sur un remblai recouvert d'une couche de sable, qui est suffisant pour la plupart des jardins.

Sur les terrains très meubles ou pour les matériaux de faible épaisseur, il vaut mieux couler une chape de béton (voir p. 28). Dans tous les cas, la base doit être assez solide pour garantir la stabilité du sol.

Pour commencer, il faut déblayer la terre. La profondeur, la longueur et la largeur de l'excavation doivent permettre d'y installer non seulement le matériau proprement dit, mais aussi la fondation de blocage et l'assise de sable ou la chape.

La ronde de matériaux
Sur cette terrasse surplombant une pièce d'eau entourée de graviers, des dalles de pierre reconstituée se marient harmonieusement aux briques et aux caillebotis.

Le remblai

Tous les revêtements de sols extérieurs se posent sur une assise de 10 à 15 cm d'épaisseur, faite d'un remblai parfaitement tassé de cailloux, gravats, éclats de brique ou de pierre.

Prévoyez également un matériau plus fin (sable, cendres ou poussière de brique) pour colmater les interstices et égaliser la surface.

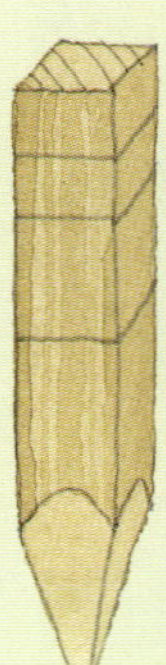

Un piquet de repérage
Marquez-y :
- *la profondeur de la tranchée*
- *l'épaisseur du remblai*
- *le niveau prévu pour le revêtement.*

Le compactage est essentiel pour la stabilité de l'assise. Sur les petites surfaces, il se fait à l'aide d'une dame, mais au-delà de 10 m^2, travaillez plutôt au rouleau ou au compacteur (outil professionnel que vous pouvez louer chez les spécialistes).

Délimitez au cordeau l'emplacement des fondations, puis creusez à bords nets, sur une profondeur suffisante.

Plantez un piquet de repère (à gauche) sur lequel vous marquerez le niveau de chaque strate. Puis vérifiez son horizontalité à l'aide d'un niveau à bulle.

Avant de creuser dans un terrain très meuble, préparez un coffrage aux bonnes dimensions (voir p. 28).

Jalonnez le pourtour de la tranchée de pieux sur lesquels vous clouerez les planches du coffrage.

Étayez-en solidement l'extérieur avec de la terre de déblai ou de la blocaille, de façon à éviter les déformations.

Remplissez progressivement le trou, en damant au fur et à mesure et en colmatant avec du sable fin, jusqu'à ce que le remblai soit dense et plan.

Vous pourrez alors commencer à disposer votre revêtement de sol.

1 *Creusez une tranchée de 15 cm de profondeur et coffrez-la. Alignez le sommet du piquet sur le niveau du sol.*

2 *Garnissez le fond d'une couche de 10 cm de blocaille, en vous repérant sur les marques du piquet de repère.*

3 *Compactez à l'aide d'une dame et, au besoin, colmatez le remblai avec du sable fin.*

Les briques

Vous trouverez dans le commerce une gamme très variée de briques de sol, en plusieurs épaisseurs, coloris et formes (carrées, rectangulaires, arrondies, biseautées, etc.)

Selon les fabrications, ce matériau est plus ou moins résistant et présente parfois de légères variations de ton d'un lot à un autre. Assortissez ses couleurs à celles des ouvrages de maçonnerie existants (façades et murets) et au style que vous recherchez.

Les petits pavés carrés en granite s'utilisent de la même façon.

Un coin repos pavé
Grâce à leurs petites dimensions, les briques et pavés sont parfaits pour habiller des surfaces courbes.

Un pavage sur une assise de sable

Les pavés d'une allée ou d'une terrasse peuvent être posés sur une assise de sable plutôt que sur une chape rigide. Dans ce cas, il est nécessaire, pour stabiliser l'ensemble, de les entourer d'une bordure – de matériau identique ou contrasté – qui, elle, sera ancrée dans une semelle de béton. Concevez votre appareillage en fonction des dimensions de la surface, afin de limiter les recoupes, qui exigent une certaine technique et vous demanderont davantage de travail. Préférez les formes simples (voir ci-contre), comme la brichonnière, avec des angles droits. Leur surface peut-être exactement calculée pour être couverte avec des éléments standards. Les motifs trop recherchés vous obligeront à détailler les briques en deux rectangles, voire en triangles pour marquer des diagonales, un travail qui demande beaucoup plus de temps et un équipement sophistiqué.

1 *Tirez un cordeau et alignez les briques de bordure posées à plat. Égalisez les bords à la truelle.*

2 *Au bout de cette première rangée, disposez une autre bordure de retenue à angle droit pour former le coin.*

3 *Lissez l'assise de sable à la règle à araser avant de commencer à garnir le centre de la surface.*

4 *Une demi-brique termine le motif en chevron. Pour la couper, posez dessus un ciseau à pierre et frappez avec un marteau.*

5 *Étendez une fine couche de sable et faites-le pénétrer au balai dans les interstices des briques.*

6 *Posez une règle en diagonale sur le pavage et enfoncez les pavés au maillet, puis rejointoyez avec du sable.*

Les appareillages

Posés à plat ou de chant, les briques et pavés rectangulaires se prêtent à toutes sortes de motifs. Les appareillages proposés ci-dessous limitent les recoupes à angle droit ou en diagonale pour les rangées périphériques.

À panneresses
Idéal pour une allée, ce motif linéaire accentue la largeur.

En chevron diagonal
Plus difficile à réaliser, ce motif invite à hâter le pas.

En chevron droit
Ce classique est parfois appelé « appareil à l'ancienne ».

En brichonnière
Il présente l'avantage de n'exiger aucune recoupe.

Le béton

Coulez une chape de béton sous les revêtements qui seront les plus fréquentés (notamment ceux des allées de garage).

Ce type d'assise, qui assure une grande stabilité à la structure, s'impose pour les bordures, les murs de soutènement et toutes les constructions en dur (abri de jardin, gloriette…).

Le béton, connu pour ses qualités structurales, a acquis ses lettres de noblesse en décoration.

Son austérité sera égayée par des effets de texture : lissé à la dame, rainuré à la planche (voir p. 29), grainé à la brosse dure ou douce…

Pour un fini patiné, inondez le matériau encore humide et frottez-le au balai-brosse afin de laisser affleurer le granulat.

Une chape de béton se coule par petits blocs successifs : il reste plus souple et ne risque pas de prendre trop vite. Les joints de dilatation séparant les sections compensent sa rétractation lors du séchage. Par la suite, ils lui permettront de se contracter ou de se dilater en fonction de la température.

Ils peuvent être traités en lignes verticales (à l'aide de guides en bois) ou courbes (à l'aide de guides souples en plastique).

Sobriété et modernité
Recouverte d'une simple chape en béton, cette allée ne manque pas d'élégance.

Le coffrage

Avant de couler la chape de béton, renforcez les parois de l'excavation avec un coffrage.

Achetez du bois épais et résistant car, bien que le béton humide ne soit pas très dense, il exerce une forte pression latérale.

Choisissez des planches de même hauteur que la tranchée. Fixez le coffrage à des piquets plantés à 1 m d'intervalle. Son bord supérieur doit se trouver à la même hauteur que le niveau de la future chape.

Déterminez les épaisseurs respectives du remblai de blocage et de la chape en fonction de la structure qui reposera sur la fondation.

À titre indicatif, prévoyez :
- 15 cm de remblai sous 10 à 15 cm de béton pour les allées piétonnes, terrasses et serres ;
- 15 cm de remblai sous 15 à 20 cm de béton pour les allées très passantes.

Ménagez en surface un espace de même hauteur que le revêtement. Reportez ces mesures sur un piquet de repère que vous enfoncerez de sorte que son sommet affleure le sol (voir. p. 27).

Pour une petite surface, placez un seul piquet au centre de la tranchée. Au-delà de 1 m², plantez-en plusieurs à 1 m d'intervalle au moins.

1 *Creusez la tranchée et tassez-en le fond. Enfoncez le piquet de repère en alignant son sommet sur le niveau du sol.*

2 *Étalez la couche de blocage en y mélangeant de la terre de déblai. Dépassez légèrement la marque inférieure du piquet.*

3 *Plantez les piquets de support du coffrage et alignez-les horizontalement avec celui qui sert de repère.*

4 *Coupez les planches du coffrage aux dimensions voulues avant de les clouer solidement aux piquets de support.*

5 *Vérifiez l'horizontalité au niveau à bulle, puis étayez le coffrage pour qu'il résiste à la pression du blocage et du béton.*

Le coulage d'une chape

Sur un terrain meuble qui sera très fréquenté, la chape sera posée sur un remblai qui devra avoir au moins 10 cm d'épaisseur et sera parfaitement damé et colmaté.

Traitez les grandes surfaces, qui sont toujours difficiles à travailler, par petits secteurs. Vous éviterez ainsi la prise trop rapide du béton, mais aussi le fissurage de la dalle. Sachez que dans ce domaine, aucun professionnel ne se risquerait à couler un bloc de plus de 4,50 m de long, de large ou de haut.

Versez le béton humide et tassez-le bien pour en chasser les bulles d'air. Striez ensuite la surface à l'aide d'une planche afin d'assurer une bonne adhérence au futur revêtement.

Retirez le coffrage dès que le béton a pris.

1 *Remplissez l'intérieur du coffrage de blocaille grossière et tassez à la dame ou au rouleau.*

2 *Retirez le piquet de repère et comblez le trou. Relevez les cotes indiquant l'épaisseur des différentes strates.*

3 *Préparez le béton et garnissez le coffrage à la pelle, en tassant au fur et à mesure.*

4 *Lissez la surface à l'aide d'une planche de bois en la passant dans le sens de la longueur, puis dans la largeur.*

5 *Compactez en tapotant à l'aide d'une petite dame en surface, afin de faire remonter les bulles d'air et l'excès d'eau.*

6 *Repassez la planche en longueur puis en largeur pour strier la dalle et offrir une surface d'accroche au revêtement final.*

Les mortiers

Plus la proportion de granulats est importante, plus le béton est « maigre ».

Choisissez un récipient qui constituera l'unité de volume de base, et diluez avec de l'eau le ciment et les granulats (sable et gravillons), jusqu'à obtenir une consistance ferme. Si vous voulez l'appliquer rapidement, gardez-le nettement plus liquide.

Pour une chape de fondation, préparez un béton à 1 vol. de ciment pour 2 vol. de sable et 4 vol. de gravillons, ou à 1 vol. de ciment pour 6 vol. de granulats prémélangés ; pour un béton d'accroche, 1 vol. de ciment pour 4 à 5 vol. de sable moyen (à étendre directement sur le remblai ou la chape) ; pour une semelle de marches, 1 vol. de ciment pour 6 vol. de sable fin (à étendre sur le remblai) ; pour un pas japonais, 1 vol. de ciment pour 6 vol. de sable fin (directement dessous) ; enfin, pour les joints de pavage, 1 vol. de ciment et 3 à 4 vol. de sable moyen.

Un mortier maigre
C'est la bonne consistance pour un mortier destiné à la pose d'un dallage.

Le jointoyage

Les dallages et pavages ont tout intérêt à être proprement jointoyés : leur finition sera plus élégante et ils ne laisseront pas passer les mauvaises herbes.

À défaut de mortier humide, remplissez les joints à l'aide d'un balai avec un mélange de ciment et de sable, et arrosez.

Ne mettez que du sable si vous envisagez de faire pousser des plantes rampantes dans les interstices.

Choisissez alors des vivaces rustiques, comme le thym (*Thymus* sp.) ou l'helxine *(Soleirolia soleirolii)*. Dans ce cas, vous poserez les pavés, espacés d'au moins 2 cm, pour que les vivaces puissent se développer ; mais les mauvaises herbes en profiteront aussi !

Les joints
Un mortier gras à 3 ou 4 vol. de sable n'absorbe pas les taches.

La finition
Égalisez les joints à l'aide d'une petite truelle.

Les dalles

Revêtement pratique, facile à poser et à entretenir, le dallage fait partie intégrante du décor : toile de fond de la végétation, il doit aussi être assorti aux maçonneries du jardin et de la maison. Et naturellement, il sera le moins coûteux possible.

Choisissez un matériau résistant et durable, de préférence antidérapant. Plus économiques que la pierre ou la céramique, les dalles de béton imitent très bien divers matériaux dans toute une gamme de coloris, dimensions et prix. Elles se posent sur un remblai de graviers, ou, mieux, sur une chape de béton.

Aux abords de la maison, ménagez une pente douce pour éviter les infiltrations et permettre l'écoulement de l'eau vers la pelouse ou une fosse d'évacuation. Pour des dalles en béton, une déclivité de 1 % suffit ; accentuez la pente jusqu'à 2 % pour les matériaux plus poreux, comme la pierre naturelle.

Recouvrez les bouches de vidange et les puits d'accès d'une trappe de visite faite du même dallage, encastré dans un cadre métallique et posé à niveau.

Invitation à la détente
Des îlots de verdure, de galets et de gravier alternant avec le dallage fait de plaques de béton animent par leur texture et leur variété ce coin repos.

Le dallage d'une terrasse

Il vous faudra être très minutieux pour qu'il soit plan et régulier.

Si votre assise n'est pas bien définie, délimitez-la en l'encadrant de cordeaux.

Bordez l'excavation avec un coffrage de même hauteur que la future surface et tirez un autre cordeau qui signalera la largeur du dallage.

Commencez la pose par le rang le plus proche de la façade de la maison. Coulez une chape de béton (pour le mélange, voir p. 29), et déposez une à une les dalles, en les laissant dépasser légèrement le niveau du cordeau.

Puis alignez-les à l'horizontale en les enfonçant doucement au maillet. Lorsque le béton aura pris, elles affleureront tout juste.

Séparez les dalles par un intervalle de 13 mm. En fin de pose, jointoyez au mortier gras pour assurer une parfaite étanchéité.

1 *Positionnez une première dalle. Placez le cordeau et retirez-la.*

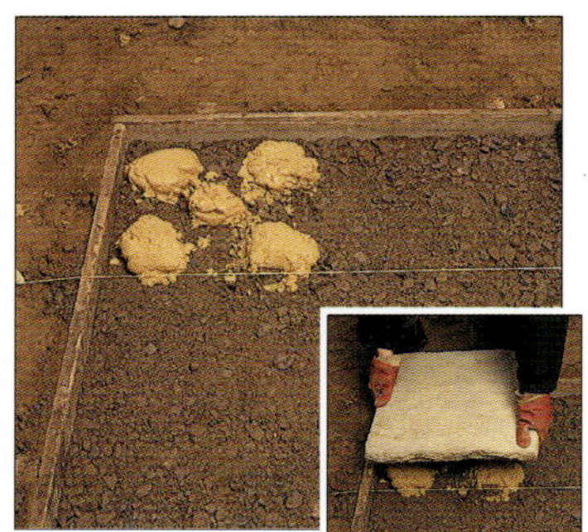

2 *Mettez des tas de mortier aux angles et au centre et posez la dalle en l'alignant.*

3 *Enfoncez la dalle avec un maillet, en vérifiant l'horizontalité au niveau à bulle.*

4 *Achevez la rangée, puis déplacez le cordeau pour faire la deuxième rangée. Vérifiez l'horizontalité de l'ensemble en posant un niveau à bulle en diagonale sur les quatre dalles adjacentes.*

La terrasse finie
Laissez les joints libres ou colmatez-les au mortier ou à l'aide d'un mélange sec pour empêcher les mauvaises herbes de percer.

Les escaliers

Les jardins sont rarement tout plats. Étudiez soigneusement tout terrain en pente avant d'y installer des passages. Au-delà d'un dénivelé de 8 %, des marches s'imposent.

Le rythme des promenades sera dicté par leur espacement, leur hauteur, leur largeur, leur nombre. Selon les proportions de votre jardin, optez pour un escalier, une petite volée de marches ou de longs gradins. Vous pouvez également placer régulièrement des marches à 2 ou 3 pas d'intervalle. Dans tous les cas, habillez-les, de verdure ou simplement de rondins ou de pierres sèches.

Attention aux escaliers trop raides qui deviendraient impraticables ! Prévoyez des marches hautes de 7,5 à 17,5 cm tout au plus, et larges d'au moins 30 cm.

Elles seront purement fonctionnelles – simplement taillées dans le sol et bordées de bois – ou constitueront un élément de l'architecture générale par leur seule présence et seront alors mises en valeur par des plantations en pots.

Noyé dans la verdure
Des escaliers ajoutent au charme d'un petit jardin, surtout si les marches et les paliers sont constitués des mêmes matériaux que les allées. Des plantes poussant librement ajoutent à l'impression d'harmonie.

Les marches dallées

Agrémentez un talus avec un bel escalier qui vous permettra de le gravir plus facilement et qui se fondra au décor végétal.

Notez la hauteur du dénivelé (voir p. 15) et divisez-la par le nombre de marches nécessaires.

Plus celles-ci seront rapprochées, plus elles devront être larges.

Plantez des piquets à leur futur emplacement, et creusez grossièrement les gradins.

La première marche repose sur un lit de béton garni de pavés et d'un remblai de gravats.

Creusez une tranchée de 5 cm à l'avant et sur les côtés de l'emplacement de la première dalle, en prévoyant un débord en saillie de 2,5 cm.

Mélangez 1 vol. de ciment avec 5 ou 6 vol. de sable fin et délayez jusqu'à ce que la pâte soit lisse et onctueuse. Laissez reposer.

Le lendemain, étalez à la truelle le mortier sur le lit de béton et striez-le en chevrons avec le rebord de l'outil afin qu'il accroche mieux. Posez 2 briques à l'avant du giron et 2 de chaque côté, en jointoyant au fur et à mesure. Enfoncez-les avec le manche de l'outil.

Vérifiez l'horizontalité au niveau à bulle.

Remplissez de gravats. Tassez à l'aide d'un maillet posé sur une règle.

Enduisez cette surface d'une couche de 2,5 cm de mortier et déposez-en un peu plus là où se trouvera le centre du giron.

Posez la dalle en saillie de 2,5 cm. Enfoncez et alignez à l'horizontale. Égalisez les bords. Inclinez légèrement les joints pour permettre l'écoulement d'eau. Comblez les interstices de gravats. Pratiquez de la même façon pour toutes les marches.

1 *Encadrez l'emplacement du giron avec quatre briques fixées au mortier.*

2 *Comblez l'arrière du giron prêt à recevoir la dalle, qui dépassera de 2,5 cm.*

3 *Enduisez l'arrière du giron de mortier et posez les deux briques suivantes. Comblez avec des gravats.*

4 *Tassez le remblai, et enduisez les côtés et le centre de mortier. Posez la deuxième dalle en saillie de 2,5 cm.*

5 *Pour terminer, posez un palier inférieur fixé sur un lit de mortier à la première contremarche.*

Le gravier

Plus économique qu'un dallage, le gravier offre d'infinies possibilités : gravillons, galets ronds, cailloux concassés de toutes tailles sont disponibles dans une vaste gamme de tons miel, blancs ou grisés.

Il a cependant 3 inconvénients ; il a tendance à se disperser et il faut le retenir avec une bordure rigide ; les galets, quant à eux, quand ils sont posés en couche trop épaisse, font mal aux pieds ; enfin, il s'enfonce dans le sol sous-jacent. Dans tous les cas, prévoyez de regarnir régulièrement les allées très passantes, surtout si le revêtement est posé directement sur la terre ou sur une assise mal compactée.

Pour pallier ces inconvénients, agrémentez votre allée d'un pas japonais composé de plaques de béton, de pavés ou de dalles. Vous pouvez aussi y installer des plantes qui pousseront en liberté, sans la concurrence des mauvaises herbes.

Illusion de rocaille
Des plantes alpines et des plantes de rocaille animent agréablement une surface de gravier.

Étendre du gravier

Choisissez tout d'abord le type de bordure qui retiendra le lit de gravier : pavés, briques (voir. p. 27), terre cuite ou bois. Ici, il est fait avec le bois du coffrage qui a servi à la pose. Creusez tout d'abord une tranchée profonde de 7,5 cm sur tout le tracé de l'allée. Entourez-la d'un coffrage (voir. p. 28), puis disposez sur 5 cm d'épaisseur une sous-couche de gravats. Vérifiez l'horizontalité au niveau à bulbe, puis recouvrez de gravier les 2,5 cm restants, sans trop garnir. Tassez légèrement pour finir.

1 *Damez fortement l'assise et vérifiez son horizontalité au niveau à bulle.*

2 *Si elle vous semble trop lisse, recouvrez-la d'une couche de sable avant d'étendre le gravier.*

La pose d'un pas japonais

Creusez le futur emplacement des dalles et tassez le sol. Tirez des cordeaux pour délimiter l'alignement (voir. p. 30).

Préparez un béton épais avec 1 vol. de ciment pour 6 vol. de gravats, puis coulez-le sur une épaisseur adaptée à celle des dalles. Disposez celles-ci, puis alignez-les au niveau du sol en vous guidant sur les cordeaux. Comblez les interstices extérieurs avec des gravats fins en laissant une dénivellation de 2,5 cm. Puis étendez le gravier.

Celui qui a été utilisé ici est autoliant : les particules d'argile qui l'entourent le maintiennent dans un premier temps, puis disparaissent sous l'effet des intempéries.

1 *Posez les dalles directement sur la terre enduite de mortier, sans couler de semelle.*

2 *Assurez-vous à l'aide des cordeaux qu'elles sont bien alignées à l'horizontale.*

3 *Comblez leur pourtour avec des gravats et du sable, puis tassez bien.*

4 *Étendez le gravier et lissez-le pour qu'il soit au même niveau que les dalles.*

Minéral et végétal
L'allée de gravier rythmée par un pas japonais sera mise en valeur par des bordures de verdure et de fleurs.

Le bois

Matériau polyvalent, le bois sait parfaitement rehausser les lignes d'un jardin. Bien qu'il exige un peu plus d'entretien, il remplacera bien le dallage pour créer des espaces originaux.

Les bois tendres, notamment ceux des conifères, sont disponibles partout dans nos régions. S'ils sont destinés à un usage extérieur, il faut les enduire d'un vernis protecteur, clair ou coloré. Les bois durs, souvent d'origine exotique – à l'exception, bien sûr, de ceux des espèces menacées –, sont plus onéreux au départ, mais beaucoup plus résistants. Ils sont plus beaux quand ils ont été huilés ou teintés.

Le bois n'en reste pas moins très sensible à l'humidité, notamment lorsqu'il est posé à même le sol. Prévoyez donc de traiter le bois, quel qu'il soit, et assurez-vous qu'une circulation d'air est possible tout autour des pièces.

Raffinement et chaleur
Sous les rayons du soleil, l'élégance de cette plate-forme en bois est rehaussée par l'abondance de la végétation répartie dans de chaleureuses poteries en terre cuite.

Le montage d'une plate-forme en bois

Des modules de caillebotis vous permettront d'aménager des recoins ou des espaces biscornus et de tracer des allées originales. Une plate-forme de plus grandes dimensions deviendra une véritable terrasse.

Posées au niveau du sol ou surélevées, ces structures demandent un peu de réflexion et un certain savoir-faire.

Prévoyez pour les poutres et les solives d'épais madriers en bois traité et sélectionnez des lames de bois imprégné sous pression.

Le bois scié a une meilleure texture que le bois raboté, mais il vous faudra lisser soigneusement les bois tendres au papier de verre à gros grain.

Posez les poutres sur des plots en béton pour les isoler de l'humidité et limiter les risques de pourrissement. Pour une grande surface, travaillez par étapes.

Si vous souhaitez que votre plate-forme reste au niveau du sol, creusez une tranchée suffisamment profonde pour y superposer tous les éléments (plots en béton, pavés de support, poutres, solives et platelage).

1 *Creusez les trous pour les plots sur 45 cm de côté et 15 cm de profondeur, et à 1 m d'intervalle. Tassez-en bien le fond et coffrez-le (voir p. 28). Vérifiez leur horizontalité au cordeau et au niveau à bulle, puis coulez le béton.*

2 *Choisissez l'orientation du platelage. Il sera parallèle aux poutres et perpendiculaire aux solives. Tirez deux cordeaux espacés de 10 cm sur le centre des plots et dans le sens du platelage. Suivez-les pour coiffer chaque plot d'un pavé de support.*

3 *Posez les poutres sur les plots, en les laissant dépasser d'au moins 30 cm à chaque extrémité afin de dissimuler la structure de support.*

4 *Posez les solives en commençant à 15 cm de l'extrémité des poutres. Elles ne doivent pas dépasser la moitié de la longueur des lames de platelage. Fixez-les aux poutres à l'aide d'équerres en acier ou de clous plantés en biais.*

5 *Tirez un cordeau sur chaque solive pour marquer la ligne de cloutage des lames ; celles-ci doivent avoir la même longueur que les poutres. Fixez-les avec des clous deux fois plus longs.*

6 *Masquez éventuellement tout le pourtour de la structure de support avec un rebord de parement. Clouez la planche à l'extrémité des poutres, de sorte qu'elle affleure le platelage.*

Les sols de verdure

Contrepoint des revêtements de surface inanimés, le décor du sol, qu'il soit parfaitement naturel ou qu'il se marie à des matériaux artificiels, imprime au jardin son style dominant.

Une grande pelouse associée à des surfaces bien droites apporte à l'espace une rigueur toute classique, mais elle impose un entretien régulier et minutieux.

Les espèces rampantes et tapissantes se fondront volontiers au milieu des graviers et des paillis d'écorce broyée pour former une composition plus sauvage, livrée à elle-même - ou presque !

Ces couvre-sols offrent mille possibilités : jouez à votre gré sur les textures et les tonalités pour créer de vastes tapis d'extérieur, poser des touches de verdure et de couleur sous l'ombrage des arbres, recouvrir un talus escarpé ou dissimuler les transitions trop nettes sous un foisonnement de verdure.

Arbustes nains et plantes rampantes
Bons couvre-sols et faciles à entretenir, les bordures argentées de santoline (Rosmarinifolia virens) *et de lavande mauve* (Lavandula stoechas) *longent joliment le gravier et l'écorce.*

Des compositions horizontales

Sélectionnez des plantes couvre-sols à feuilles décoratives et surtout persistantes, pour que votre jardin ne se retrouve pas dénudé pendant la moitié de l'année. Que vous choisissiez des variétés naines ou des espèces rampantes, tapissantes ou buissonnantes, ne les laissez pas devenir trop envahissantes et méfiez-vous de celles qui se ressèment.

Les couleurs du lierre panaché, de la petite pervenche *(Vinca minor)* et du bugle *(Ajuga reptans)* dessinent de beaux tapis, mais ne négligez pas les fleurs et arbustes à port étalé ou rampant : géraniums et lamiers, cotonéasters et céanothes, genévriers nains *(Juniperus horizontalis* et *J. procumbens)*, heuchères, alchémille, bruyères et épiaire laineux *(Stachys byzantina)* sont d'excellents couvre-sols.

Pensez encore aux graminées décoratives, comme l'eulalie *(Miscanthus)*, le stipa ou *Carex stricta* 'Aurea'. Habillez le pied des fruitiers ou des feuillus d'un délicat parterre de cyclamens, perce-neige, jacinthes des bois ou autres plantes à bulbe.

Contrairement à une idée répandue, les couvre-sols ne masqueront ni n'élimineront les mauvaises herbes. Avant de les planter, nettoyez bien le terrain, ou recouvrez-le de matière organique sur 2,5 à 5 cm de profondeur.

Couvre-sol pour ombre
*Le lierre panaché se plaît au pied de cette haie de chèvrefeuille à feuilles persistantes (*Lonicera *'Baggesen's Gold').*

Sous-bois printanier
Les jacinthes des bois (Hyacinthoides hispanica) *bleues et blanches prospèrent sous la lumière tamisée des arbres. Leur floraison s'achèvera à l'été, lorsque les ramures s'épaissiront.*

Les surfaces herbeuses

Quand on parle de pelouse, on pense immédiatement tondeuse du printemps à l'été et râteau pour ramasser les feuilles mortes tout l'automne !

Personne ne peut dire le contraire, mais elle vous rendra au centuple les soins que vous lui prodiguerez. Vous définirez son étendue en fonction de sa vocation et du temps que vous pourrez lui consacrer.

Si vous la destinez au jeu et à la détente, elle sera sans doute piétinée ; choisissez alors des espèces résistantes, adaptées à la nature du sol et du climat, et qui n'ont pas besoin d'être tondues trop souvent.

Un gazon d'ornement, aux bandes bien parallèles, sera au contraire idéal pour mettre en valeur les fleurs et feuillages des massifs.

Cependant, vous préférerez peut-être à la perfection d'un tapis uniforme et ras le caractère plus sauvage d'une prairie. Semez alors des marguerites à la volée, plantez des îlots de bulbes ou de fleurs des champs, ou laissez s'installer les graminées.

Privilégiez le trèfle, qui fera en outre office d'engrais naturel.

Et si vous hésitez, sachez qu'il est bien plus facile de semer une pelouse que de poser des revêtements rigides, et qu'elle pose souvent moins de problèmes d'entretien.

Allées de gazon
Dans ce jardin classique, une allée toute droite de gazon tondu très ras dirige le regard vers un escalier ouvrant sur un autre palier de pelouse, ce qui donne de la profondeur.

Les prairies fleuries

Idéale pour les recoins peu fréquentés, une prairie parsemée de taches de couleurs donne au jardin un air de paradis sauvage. Préparez bien la terre, mais n'y ajoutez ni engrais ni terreau.

Procurez-vous un mélange de semences de fleurs des champs adapté à la nature et au drainage de votre sol, et choisissez une espèce de gazon fin à croissance lente, qui empêchera la germination des mauvaises herbes mais laissera percer les autres plantes. Mélangez quelques pincées de graines de fleurs à une poignée de graines de gazon et semez-les à la volée. Si vous avez déjà une pelouse, installez-y des îlots de petites fleurs ou de plantes à bulbe.

Pour que l'effet soit parfaitement réussi, les fleurs doivent toutes éclore en même temps ; ne les coupez qu'après la floraison, après qu'elles se sont ressemées ou, pour les bulbeuses, lorsque les feuilles, qui reconstituent les réserves du bulbe, sont fanées. Dessinez à la tondeuse un petit passage sinueux à travers la prairie pour bien la structurer et l'intégrer à l'ensemble du paysage.

La nature en liberté
Anémones de printemps, tulipes botaniques (Tulipa tarda) *et orchidées se ressèmeront d'elles-mêmes. Leur floraison printanière vous permettra de couper l'herbe au milieu de l'été, après la floraison, avant que l'herbe ne devienne trop haute.*

Marguerites et graminées fleuries
Coupant à travers cette prairie d'herbes folles et de marguerites, une allée bien tondue serpente vers une zone encore mystérieuse, un sous-bois touffu ou une clairière.

Les pelouses

Avant de créer une pelouse, renseignez-vous sur les divers mélanges de graines et choisissez en fonction du prix, de l'effet désiré et du piétinement prévu. Habillez les aires de jeu et les lieux de passage d'un gazon résistant, que vous ne tondrez qu'une fois par semaine. Une pelouse d'ornement, plus fine et plus fragile, exige davantage de soins et s'entretient tous les 2 ou 3 jours.

Une pelouse se sème soit à l'automne, soit au printemps. Dans le premier cas, elle sera prête dès l'été suivant ; dans le second, vous ne pourrez en profiter avant la fin de la belle saison. Si vous êtes pressé – et disposé à payer assez cher –, optez pour les plaques ou les rouleaux de gazon.

Prairie d'herbes hautes
Cette grande prairie champêtre piquée de fleurs sauvages n'est tondue qu'une ou deux fois par an.

Semer une pelouse

La clé de la réussite tient à la préparation du sol : retournez ou bêchez le terrain sur une épaisseur d'au moins 25 cm. Si la couche arable est trop pauvre, enrichissez-la de terreau ou de matières organiques ; répandez du sable fin sur les sols très argileux. Apportez un engrais complet, et faites-le bien pénétrer.

Arrachez toutes les mauvaises herbes : les vivaces, qui survivraient après le bêchage, comme les annuelles auraient tôt fait d'envahir les semis. Ratissez et aplanissez le sol au rouleau. Le terrain doit être parfaitement plan, tassé et dépierré. Semez au printemps ou en début d'automne, quand l'humidité et la température du sol sont plus favorables à la levée. Semez à la volée, puis enfouissez les graines d'un coup de râteau léger. Pour favoriser la germination, plombez le sol une nouvelle fois au rouleau.

1 *Ratissez finement le sol après l'avoir désherbé et retourné, en le nivelant et le dépierrant au fur et à mesure.*

2 *Délimitez la surface en petits carrés de 1 m de côté et épandez un engrais complet que vous enfouirez au râteau.*

3 *Dans chaque carré, semez la moitié des graines dans le sens de la longueur, puis l'autre moitié en largeur. Égalisez légèrement au râteau.*

Les plaques et rouleaux de gazon

Vous pourrez les poser à tout moment en évitant toutefois les saisons extrêmes : ils ne prendraient en effet ni sur un sol gelé ou gorgé d'eau, ni sur une terre trop sèche. S'ils ne sont pas maintenus humides jusqu'à la reprise des plantes, ils risquent de se dessécher.

Dépliez-les sur un sol parfaitement préparé et aplani. Prévoyez une planche d'appui pour ne pas laisser la marque de vos pas. Posez la première rangée sur le pourtour de la surface et progressez vers l'intérieur en décalant légèrement l'alignement. Égalisez avec le dos d'un râteau. Remplissez les joints de terreau ou de mélange terreux en le faisant pénétrer au balai.

Rouleaux et plaques
Garnissez le pourtour de la surface, puis posez la rangée suivante en la décalant. Prévoyez une planche d'appui pour ne pas fouler le gazon.

Contours incurvés
Délimitez la surface à engazonner à l'aide d'un tuyau d'arrosage et découpez les plaques selon ce repère, avec une cisaille, un cutter ou un canif bien affûté.

Les bordures

Soignez ces éléments du décor qui soulignent les plans horizontaux et mettent en valeur les pelouses, les passages et les allées.

Les bordures, qu'elles soient végétales ou faites en matériaux durs, permettent de définir ou de mettre en valeur une pelouse, une allée ou une bordure ; elles s'imposent pour retenir des revêtements légers (gravier, écorce, terre) posés sur des surfaces contiguës et qui risqueraient de se mélanger

Vous les matérialiserez de préférence avec un matériau rigide, qu'il ait ou non besoin d'entretien.

Alignés à même le sol ou ancrés dans une semelle en béton pour davantage de stabilité et de permanence, briques, pavés, dalles ou galets font de jolis encadrements.

Disposez les briques à plat, sur leur longueur ou sur leur largeur, ou de chant, en créneau ou en zigzag, ce qui leur donne toujours de l'originalité fichez les dalles à la verticale pour former un muret miniature ou une retenue de terre.

Pour les bordures végétales, plantez des espèces rampantes telles que le bugle *(Ajuga)*, la violette ou l'hosta, ou alors juxtaposez des touffes de lavande ou d'herbes aromatiques (thym, sauge, romarin, persil). Laissez-les déborder légèrement sur les allées pour en adoucir les contours et leur apporter une touche romantique.

Bordures mixtes
Une ligne de galets marque la transition entre une bordure d'œillets rouges et une allée pavée.

Haie miniature
Des haies basses de buis rigoureusement taillé délimitent toujours très bien les potagers et les massifs de fleurs. Ici, elles structurent le charmant fouillis d'un jardin de curé.

Les bordures de pelouse

Le pourtour d'une pelouse doit être parfaitement égalisé à l'aide d'un dresse-bordure, qui coupe les herbes verticalement.

Quand elle bute contre un mur, une terrasse, une allée ou une bordure, elle ne peut pas être tondue jusqu'au bord et il faut alors couper la dernière bande d'herbe haute à la cisaille, ou mieux, au fil coupe-bordure, tâche assez fastidieuse.

Vous pouvez aussi laisser un espace d'environ 10 cm au long du mur et le meubler avec une bordure droite légèrement surbaissée. Vous tondrez ainsi facilement toute la surface gazonnée sans risquer d'abîmer les lames de votre outil.

Les bordures courbes, bien qu'elles soient un peu plus délicates à installer, seront faites en fines planches de bois traité ou en bandes de plastique, discrètes et faciles à poser.

Bordure enfouie
Séparée de la pelouse par une bordure en brique, cette plate-bande de Stachys byzantina *ne craint pas les lames de la tondeuse.*

Si vous préférez délimiter la pelouse par des bordures végétales, optez pour des arbustes nains, comme la santoline, à port buissonnant ou en touffes, dégageant bien le sol

Rideau de lavande et haie basse
Un cordon de touffes de lavande borde la pelouse et protège une plate-bande accueillant des fleurs et des fruitiers.

Les structures verticales

Dans un jardin, les éléments dressés agrandissent l'espace tout en le compartimentant. Ils dressent des écrans, créent l'intimité et fournissent les fonds et les points forts du paysage. Ils mettent en valeur à volonté une vue ou un détail particuliers ou même laissent imaginer une perspective plus lointaine.

C'est leur agencement, bien plus que leur hauteur, qui campe le décor : il suffit parfois de deux ou trois marches pour rompre la monotonie d'un terrain plat et lui donner de la personnalité.

Outre les constructions en dur que l'on pense trop souvent indispensables, et qui sont parfois disgracieuses, exploitez les infinies ressources des plantes pour accentuer la verticalité des lignes. Pour masquer un vilain réservoir, un treillis envahi de fleurs ou un bosquet d'arbustes se fondront bien mieux dans le paysage qu'une palissade en bois, par exemple.

Étudiez l'exposition de votre jardin avant d'installer ce genre de structures car elles définiront, au fil des heures et des saisons, les zones ombragées et lumineuses, et les recoins abrités du vent ; vous n'imagineriez pas de construire un pavillon dont la terrasse ne recevrait presque jamais de soleil. Si vous plantez des arbres, n'oubliez pas qu'une fois adultes – et ils ont une longue durée de vie – ils seront plus volumineux et arrêteront davantage la lumière.

Les espaces ombragés et abrités

Les éléments verticaux modulent l'ensoleillement du jardin et son exposition au vent, et y créent ainsi des « microclimats ».

Vous devrez parfois exploiter des structures existantes, telles que les constructions en dur ou les haies mitoyennes, qui définissent déjà des zones d'ombre. Au-delà de ces contraintes, efforcez-vous de tirer le meilleur parti des éléments que vous installerez vous-même pour bien équilibrer ombrages, puits de lumière, coins repos et massifs sous le vent.

Les coupe-vent sont très appréciables sous des climats tempérés où l'on peut profiter du soleil d'hiver. Aux murs, qui arrêtent la lumière et attirent des turbulences d'air froid, préférez les écrans végétaux déviant le vent et laissant filtrer le soleil. Dans une cour fermée, les ramures d'un ou deux arbres offriront en été leur couvert et retiendront les brises fraîches.

Délimitez à l'aide de piquets et de cordes la hauteur et les volumes des éléments prévus, afin d'imaginer leur aspect futur et leur influence sur la température de votre jardin ; si vous n'êtes pas satisfait, modifiez leur agencement. N'oubliez pas que plus ils seront élevés, plus l'espace qu'ils entoureront paraîtra petit. S'il s'agit de bâtiments un peu importants – une gloriette ou une serre, par exemple –, il faudra obtenir un permis de construire : réfléchissez donc bien auparavant.

Haie coupe-vent
Une épaisse haie filtrant le vent protège mieux les massifs qu'une clôture ou un mur, qui ont plutôt tendance à rabattre sur eux les courants froids.

Jouer sur les hauteurs
Au-dessus de la palissade, une structure en bois ajouré habillée de verdure dévie le vent et équilibre le plan vertical du muret, qui est autant une jardinière qu'un banc abrité.

L'harmonie des lignes

Pour donner de l'unité à votre espace, choisissez une couleur, un matériau ou un motif dominant, que vous reprendrez pour souligner les structures verticales, et poserez en contrepoint sur les plans horizontaux.

Vous soulignerez ainsi la cohérence du paysage sans cacher sa diversité. Un banc ou une statue au détour d'un chemin ajouteront un petit plus au jardin sans compromettre son agencement.

Structurez les plans sur une plante ou un accessoire décoratif – un joli pot en terre cuite, par exemple –, qui se retrouvera régulièrement pour organiser l'espace. Dans l'idéal, ces rappels doivent attirer le regard par endroits et passer presque inaperçus ailleurs.

Les conifères et les feuillages touffus remplissent très bien cette fonction, qu'ils se trouvent dans des haies, des écrans de verdure, des massifs ou encore en îlots s'ils présentent des formes originales.

Un ensemble homogène
Ici, les feuillages dressés masquent les contours de la serre en les adoucissant. L'harmonie d'ensemble est soulignée par les tons vert pâle et jaunes des fleurs.

Les plantations verticales

Sans un habillage de verdure, les éléments d'architecture risquent d'être un peu agressifs. Vous n'aurez que l'embarras du choix pour les fondre dans l'environnement sans pour autant gommer leur présence : grands arbres dressés autour d'un abri de jardin, plantes grimpantes conduites sur les pergolas et treillis, haies plaquées contre les clôtures et murets, jeunes arbrisseaux palissés en tonnelle… Tous souligneront en souplesse la verticalité des lignes.

Contraste et unité
Les feuillages spectaculaires des arbres et arbustes tranchent sur cette pagode gris-vert et l'intègrent encore davantage au décor oriental.

Agrandir l'espace

Dans un petit jardin, il est facile de donner une illusion d'espace et de profondeur.

Exploitez d'abord les couleurs : les tons bleu pastel et vert argenté font reculer l'horizon, tandis qu'une symphonie de tons rouges, orange et jaunes fera ressortir un massif de premier plan.

Jouez sur les lignes de fuite : une allée étroite filant vers le fond du jardin paraîtra plus longue. Les portails et écrans ajourés estompent les limites du terrain en y laissant pénétrer le monde extérieur. Un treillis ou une fresque en trompe-l'œil transfigureront une façade qui bouche une cour intérieure.

Dans les petits jardins de ville, la magie des miroirs multiplie de façon spectaculaire les effets de verdure, dédouble les faisceaux de lumière et rythme l'espace.

Clôture ajourée
Cette ouverture invite à regarder au dehors.

Niche en treillis
Cette arche semble ouvrir vers un autre monde.

Les limites du jardin

L'enceinte qui borne votre jardin lui assure une certaine intimité, et une éventuelle protection, mais c'est aussi sa vitrine extérieure.

Le caractère que vous lui imprimerez dépendra du rôle que vous lui attribuerez, mais aussi de votre budget, de l'agencement du terrain et du style de la maison.

Pour vous protéger des regards, dressez un mur plein ou une palissade haute. Si au contraire vous souhaitez profiter de l'extérieur, une haie basse ou un muret suffiront. Une clôture est souvent nécessaire si vous avez de jeunes enfants ou un chien. Inutile pour autant de les enfermer derrière des barreaux de prison ! Il suffira simplement qu'ils ne puissent pas l'escalader ou passer au travers. Doublez simplement la haie d'un grillage ou d'une palissade, rehaussez les murets, élargissez-les ou plantez-les de buissons piquants.

Dans tous les cas, une clôture fait partie du jardin, qu'elle passe inaperçue ou qu'elle soit un des élements du décor. Elle ne doit donc en aucun cas le défigurer. Envisagez donc différents points : quel matériau sera le mieux adapté à votre cadre ? Quel effet produira une haie épaisse de conifères dressés sur 3 m ou une palissade en pointes de flèche haute de 1 m ?

Les clôtures

Contrairement aux haies, qui mettent souvent de longues années à pousser, les clôtures ferment immédiatement l'espace du jardin.

À hauteur égale, qu'elles soient en bois tendre ou en bois dur, elles reviennent moins cher que les murs.

Elles sont aussi plus faciles à monter, mais elles exigent en revanche davantage d'entretien : il faut les traiter régulièrement contre l'humidité, et les repeindre ou les revernir.

S'il s'agit simplement de délimiter des espaces, une lisse ou un fil métallique tendu entre des poteaux suffiront.

Mais il serait dommage de ne pas exploiter les multiples vertus décoratives des barrières, palissades, haies et treillis.

Barrière champêtre
Une barrière en croisillons de châtaignier délimite l'espace sans le fermer, et laisse les plantations déborder sur l'extérieur.

Les haies

Sauvages ou disciplinées, les haies, plantées d'espèces persistantes ou caduques, cloisonnent agréablement un jardin, et séduisent de nombreux jardiniers. À terme, elles exigent peu d'entretien, mais il vous faudra tout de même les rabattre de temps en temps, ou les tailler régulièrement.

Haie buissonnante
Les contours souples de cette haie fleurie, appuyés par ceux du conifère, atténuent la géométrie stricte de la maison voisine.

Les murs

Un mur en brique, en pierre ou en béton est toujours plus onéreux qu'une simple clôture mais, s'il est bien monté, il durera très longtemps, sans vous causer le moindre souci.

Cependant, même s'il est très simple, sa construction réclame certaines notions et compétences techniques. Faites éventuellement appel à un professionnel. Plus faciles à réaliser, les petits murs de soutènement permettent de consolider et d'aménager en terrasses des terrains en pente.

À travers le mur
Une fenêtre en ogive encadrée de rosiers grimpants allège la lourdeur de ce mur en brique et ouvre sur la pelouse extérieure.

Les accès au jardin

Ils sont trop souvent délaissés, comme s'ils n'étaient qu'une voie de pénétration. Or, l'entrée d'un jardin ne saurait se réduire à une simple interruption de la clôture, de la haie ou du mur d'enceinte.

Cependant, il faut là aussi tenir compte de sa fonction, qui différera selon les circonstances : vous souhaitez qu'elle invite à entrer ou au contraire à passer son chemin ; une porte pleine n'aura ni le même rôle ni le même effet qu'une grille métallique ou qu'un portail à auvent.

Vue de l'extérieur, l'entrée peut être complètement fermée, ou au contraire laisser entrevoir un coin de votre domaine, encadrer un point fort du décor ou engager le visiteur à emprunter un sentier pavé surmonté d'une tonnelle.

Si vous préférez entretenir le mystère jusqu'au dernier moment, encastrez une lourde porte en chêne massif dans un mur en brique, ou faites passer une allée sous un tunnel de verdure au débouché duquel elle ouvrira sur un horizon dégagé et lumineux.

Une entrée romantique
Une tonnelle de rosiers 'Adélaïde d'Orléans' attire le promeneur vers un luxuriant jardin champêtre.

Les portails et portes de jardin

L'entrée du jardin participe autant du décor que les autres éléments du paysage. Ici encore, les règles de base sont la simplicité et l'unité avec le reste de l'environnement.

La porte ou le portail refléteront la personnalité de votre jardin, et la vôtre : le visiteur sera tenté de pousser une porte basse installée dans une palissade, mais ne se risquera pas à franchir seul une lourde grille en métal noir sertie dans un mur haut, qui lui signifiera à l'évidence qu'il est indésirable !

Opération porte ouverte
Ce portail blanc tout simple interrompant un muret de brique souligne le caractère accueillant de ce jardin de curé envahi de roses, de delphiniums, de roses trémières et de pensées.

Les transitions intérieures

Certains terrains aux formes biscornues ou par trop géométriques – surtout si elles sont longues et étroites – gagnent à être compartimentés.

Exploitez alors habilement les treillis et les écrans de verdure pour délimiter des espaces sans les clore complètement. Ménagez par des arches et des tonnelles d'habiles transitions entre coins intimes et grandes perspectives ou entre deux styles très contrastés.

Arcade végétale
L'arrondi d'une arcade couverte de chèvrefeuille laisse apercevoir les massifs de roses et de cataires posés au bout d'une vaste pelouse qui relie les deux parties du jardin.

Les clôtures

Par son style et son matériau, une clôture doit être en harmonie avec le reste du jardin et répondre à une vocation bien précise – sans trop grever votre budget. Des panneaux de lattes tressées ou chevauchantes dressés sur 1,80 m créent un cadre intimiste, mais se marient mal avec la végétation. Plus décoratives, les palissades jointives et les barrières à planches verticales sont en revanche plus onéreuses.

Si vous ne voulez pas isoler complètement votre terrain, une clôture à chevrons ou lattes espacés, qui vous reviendra moins cher et offrira un intérêt visuel, aura beaucoup de personnalité. Les plantes apprécient les clôtures à claire-voie, qui laissent passer la lumière, l'air et la pluie, et coupent le vent.

Beau et chaleureux, le bois n'est cependant pas impératif : pensez aux grilles en métal ou en fer forgé, voire aux treillis et barrières en plastique.

Palissade raffinée
Cette barrière simple mais élégante attire le regard vers les plantes, tout en laissant passer l'air et la lumière.

Les treillis

Souvent utilisées comme cloison (voir p. 41), ces structures légères permettent aussi bien de surélever une barrière ou un mur que d'alléger leur aspect trop massif.

Ce sont des assemblages à claire-voie de fines lattes disposées en carrés ou en losanges qui présentent l'avantage de pouvoir surélever une clôture existante et sur lesquels s'agrippent et s'enroulent volontiers les plantes grimpantes. Un chèvrefeuille palissé sur un treillis finira par le coloniser au point de le masquer entièrement.

Pour éviter toute mauvaise surprise, veillez à la qualité du matériau : choisissez des lattes épaisses d'au moins 2,5 cm, faites dans un bois traité pour résister aux intempéries.

Il en existe dans le commerce différents modèles, que vous pourrez enduire d'une lasure ou d'un vernis teinté.

Vous appliquerez un produit de finition dans des tons de vert pâle, gris-bleu ou bleu-vert. Vous pouvez également commander un treillis sur mesure.

Lumière tamisée
Un treillis couvert de plantes grimpantes assure de l'intimité au jardin sans trop l'assombrir, laissant les plantes prospérer.

La fixation des poteaux

Tout comme les montants d'une grille en fer, les poteaux d'une clôture doivent être fichés assez profondément dans le sol et scellés dans une semelle en béton qui garantit la stabilité de l'ensemble.

Choisissez des poteaux carrés en bois imprégné sous pression, de 7,5 cm de section. Prévoyez qu'une fois plantés à 60 cm de profondeur et, au besoin, coiffés d'un chaperon de 2,5 cm, ils soient alignés avec la clôture. Marquez sur chacun d'entre eux les niveaux du sol, de la base et du sommet de la clôture une fois couronnée. Enduisez d'un mélange bitumineux leur extrémité qui sera plantée.

Définissez au cordeau l'alignement de la clôture. Creusez un trou de 35 cm de côté, réparti en un tiers-deux tiers par rapport au cordeau. Un lit de gravier favorisera le drainage ; prévoyez alors 6 à 8 cm de plus en profondeur. Remplissez de mortier jusqu'à 5 cm de la surface. Tassez et laissez prendre.

1 *Plantez le poteau jusqu'au repère du niveau du sol et alignez-le sur le cordeau.*

2 *Coulez le mortier. Vérifiez au niveau à bulle que le poteau reste vertical jusqu'à ce qu'il ait pris.*

Le montage d'un panneau de clôture

Les panneaux pleins, de lattes ou de planches, se fixent aux poteaux quand le mortier n'a pas encore complètement pris, pour permettre les rectifications de dernière minute. Indiquez sur les poteaux la hauteur du panneau en prévoyant 2,5 cm de couronnement et 2,5 cm entre sa base et le sol.

Définissez au cordeau l'alignement de la clôture et espacez les poteaux de la largeur des panneaux. Plantez entre eux des piquets d'alignement.

Creusez les tranchées de scellement et coulez-y le mortier. Enfoncez les poteaux à bonne hauteur et laissez prendre légèrement.

Mettez les panneaux en place en les faisant reposer sur des clous de repère plantés dans le chant des poteaux. Vérifiez la verticalité au niveau à bulle et clouez.

Pour un panneau de 1,50 m de haut, prévoyez au moins 5 clous plantés à intervalles réguliers entre le sommet et la base.

1 *Pour espacer les poteaux, couchez un panneau au pied du premier et plantez un repère à l'autre extrémité.*

2 *Alignez la base du panneau sur le repère inférieur des poteaux, à 2,5 cm du sol, en le faisant reposer sur les clous.*

3 *Quand la clôture sera terminée, vous l'enduirez d'un produit protecteur, que vous renouvellerez tous les ans.*

Le montage d'une palissade

Les lattes ne seront assemblées que lorsque le béton aura bien pris, après une nuit au moins. Pour calculer la hauteur des poteaux, ajoutez les 60 cm de profondeur des trous à la longueur des lattes et, le cas échéant, retirez les 2 à 3 cm des pointes de flèche. Choisissez des lisses de 5 cm de large sur 2,5 cm de section.

Définissez l'espacement des poteaux en fonction de la longueur des lisses, avec un minimum de 3 m, sachant qu'elles les recouvriront.

Scellez les poteaux en commençant par les extrémités de la clôture et en les alignant au cordeau.

Positionnez la lisse supérieure à 12 cm de leur sommet et la lisse inférieure à 15 cm du sol.

Fixez-les solidement en recouvrant complètement la section des poteaux d'extrémité, et à moitié celle des poteaux intermédiaires. Plantez des clous qui doivent s'enfoncer sur 2,5 cm (en biais sur les poteaux et tout droit sur les intermédiaires). Puis fixez sur les lisses la première latte, en la centrant bien ; tirez un cordeau d'alignement entre la pointe de flèche et le chant externe du poteau.

Vérifiez au niveau à bulle la perpendicularité et clouez.

L'espacement des lattes dépend de leur largeur. Vérifiez-le régulièrement en intercalant une latte de repère entre deux lattes consécutives.

1 *Clouez la lisse supérieure aux poteaux de support en la faisant chevaucher.*

2 *Vérifiez que l'espacement est régulier à l'aide d'une latte de repère.*

3 *Si vous souhaitez une palissade plus serrée, rapprochez les lattes.*

Les clôtures

Clôtures et écrans de cloisonnement déclinent des motifs et des effets de texture très décoratifs. Les panneaux pleins qui présentent une grande prise au vent seront fixés sur des poteaux plus résistants. Les palissades, elles, laissent passer le vent.

Lattes entrelacées

Lattes en recouvrement

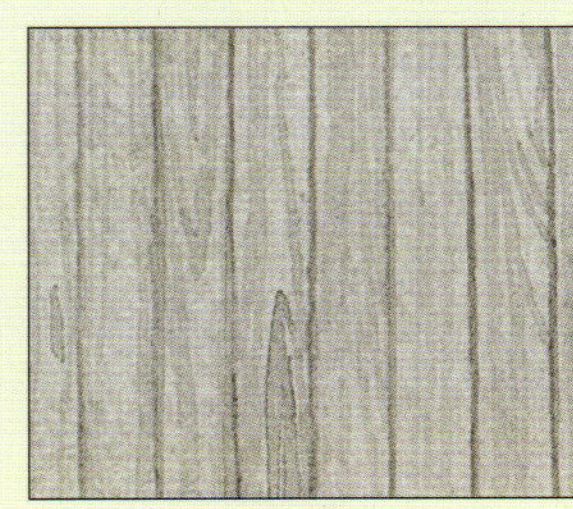

Lattes jointives

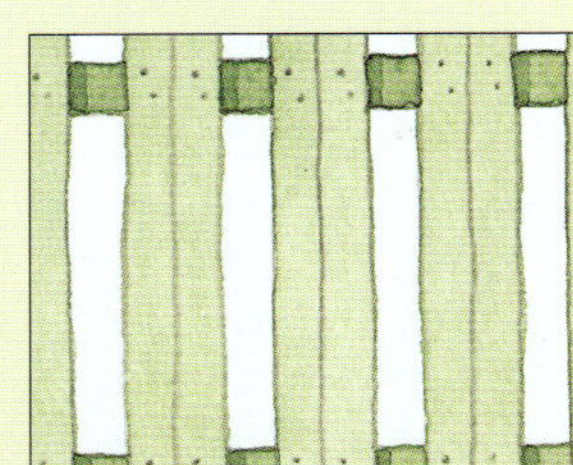

Doubles lattes espacées

Lattes alternées

Les haies

Par leur port érigé et leur épaisseur, les haies dressent de superbes clôtures pleines de vie. Idéales pour cloisonner l'espace, elles constituent également d'excellents coupe-vent et de bons écrans phoniques.

Les haies taillées se distinguent par leurs contours toujours géométriques. Les arbustes persistants à petites feuilles, comme l'if *(Taxus baccata)*, le buis *(Buxus sempervirens)*, le thuya *(Thuja plicata)*, le troène *(Ligustrum)* et le houx *(Ilex)* raviront les amateurs de rigueur. Les arbres et arbustes à feuilles caduques, tels que l'aubépine *(Crataegus)*, le hêtre *(Fagus)* et le charme *(Carpinus)*, adoptent des formes plus souples.

Les haies naturelles, au profil plus désordonné, supportent de n'être entretenues qu'une fois par an, après la floraison. Les berbéris, cotonéasters, potentilles et rosiers figurent parmi les meilleures espèces. Pour former une haie mixte très séduisante, il suffit de combiner plusieurs de ces espèces en vérifiant toutefois qu'elles sont à peu près de la même vigueur.

Rigueur et classicisme
Dans ce jardin classique, un échiquier de bordures de buis (Buxus sempervirens) *est mis en valeur par un fond d'ifs* (Taxus baccata) *parfaitement taillés.*

Les haies d'ornement

Si la perspective de passer vos week-ends une cisaille à la main pour obtenir des haies lisses ou des topiaires parfaites ne vous réjouit guère, plantez une haie naturelle, très décorative mais assez peu exigeante.

De nombreuses plantes arbustives à petites feuilles ou à branchages épineux dresseront un rideau assez épais pour dissuader les curieux.

Le rythme de croissance de la plante et sa hauteur définitive doivent correspondre au type de haie que vous souhaitez : n'espérez pas avoir un jour un millepertuis ou une potentille de 2 m de haut. À l'inverse, ne vous acharnez pas à rabattre à 50 cm un cyprès de Leyland *(× Cupressocyparis leylandii)*, un des conifères à la croissance la plus rapide !

Rangée de conifères
Cette juxtaposition originale met en valeur une bordure de vivaces.

Buis traditionnel
Indémodable, il apporte une touche d'élégance au jardin.

Haie fleurie
Le millepertuis anime de jaune le paysage en début d'été.

Haie d'épines
Le buisson ardent flamboyant forme une haie impénétrable.

Fleurs et fruits
Les fruits rouges de Rosa rugosa *prennent le relais des fleurs.*

Effet de tapisserie
Les haies rustiques mêlent volontiers feuillages et floraisons.

Les écrans de séparation

La plupart des jardins, aussi petits soient-ils, gagnent à être subdivisés, afin d'intriguer le regard et de mettre en valeur certains recoins. Jouez sur les hauteurs, les volumes et les formes des haies autant que sur les treillages et les rideaux de bambou.

Le buis *(Buxus sempervirens)*, très fréquemment utilisé, convient notamment aux haies basses. Cet arbuste à croissance lente présente un feuillage persistant et touffu très facile à discipliner par quelques tailles seulement. Certains arbustes à fleurs dotés de fines feuilles, comme la santoline ou la lavande, peuvent également être utilisés pour cet usage. L'if et le troène sont les plantes idéales des haies plus élevées, tandis que pour une séparation moins dense ou un petit jardin, rien ne vaut la légèreté d'un rideau de bambous ou de hautes graminées. Pour marquer un écran vertical paré de cascades de fleurs, laissez une clématite, un chèvrefeuille ou une bignone s'accrocher et s'enrouler sur un treillis. Les plantes persistantes bien taillées conviennent aux formes petites, mais elles sont aussi de bonnes toiles de fond pour des massifs plus naturels. Elles peuvent enfin adopter des silhouettes variées pour délimiter différentes zones de l'espace.

Ligne de séparation
Une haie basse et taillée sépare les vastes espaces de ce jardin, qui ont chacun leur style.

Derrière les haies
Des arbustes taillés créent dans un petit jardin une impression de mystère et en dissimulent les contours.

La plantation d'une haie

Comme pour tous les arbustes d'ornement, la beauté d'une haie tient à la façon dont elle est plantée et entretenue.

Achetez de préférence chez votre pépiniériste des jeunes plants d'un même lot et de même origine. Dès la plantation, éliminez soigneusement les mauvaises herbes qui risqueraient de proliférer et arrosez fréquemment dès qu'il fait sec, au moins pendant la première année.

Une haie de conifères

Tracez au cordeau l'alignement de votre future haie, en plantant 2 jalons pour une ligne droite, et 5 à 7 pour une ligne courbe. Préparez le terrain et creusez une tranchée de 75 cm en éliminant les mauvaises herbes vivaces. La largeur de la tranchée doit dépasser de 30 cm celle de la haie finale. Garnissez-en le fond d'une bonne couche de terreau ou de matière organique. Au besoin, apportez un peu d'engrais retard et enfouissez-le.

Plantez les conifères sur une seule rangée, en les espaçant de 45 à 60 cm (75 cm pour les cyprès de Leyland). Recouvrez bien les racines de terre et tassez doucement. Les conifères n'ont pas besoin d'être taillés après la plantation, mais simplement légèrement rabattus en début d'année.

Haie régulière de conifères
Pour vérifier l'espacement des arbustes, utilisez un piquet posé à terre qui vous servira de gabarit entre 2 trous de plantation.

Une haie de feuillus

Plantés sur deux rangées décalées, les feuillus forment une barrière impénétrable. Procédez comme pour les conifères, mais creusez une tranchée de même largeur que la future haie.

Haie double
Espacez les rangées de 45 cm et, sur chacune d'elles, laissez davantage de place aux feuillus qu'aux conifères. Après les avoir mis en place, vers la fin de l'automne, rabattez les branches d'un tiers.

Les tonnelles et les pergolas

Les tonnelles, arcades et pergolas trouvent leur place dans tous les jardins, grands et petits, si on sait en respecter les proportions. Ces élégantes structures tout en hauteur participent à la géométrie du jardin. Destinées à soutenir des plantes grimpantes, elles conviennent parfaitement pour encadrer une perspective ou un élément décoratif, ou pour cloisonner harmonieusement l'espace.

La pergola autorise bien des variations décoratives : joliment habillée de treillis envahis de clématites ou de chèvrefeuille, elle devient une charmante tonnelle ou un abri de jardin.

Aux structures traditionnelles en bois – simples madriers ou pièces tournées et sculptées – s'ajoutent désormais de nouveaux modèles, en métal, pierre ou brique, voire en fil métallique gainé de plastique. Si le bois demeure le matériau le plus économique, les autres ont tous leurs avantages, et leur alliance est souvent heureuse : des piliers mêlant pierre et brique peuvent par exemple soutenir des planches de bois ou des poutres métalliques – ou même des arches en fer forgé.

Les arcades et pergolas prêtes à monter meubleront en un clin d'œil votre jardin. Mais peut-être préférez-vous matérialiser votre propre rêve ? Alors, à vos outils !

Havre de fraîcheur
Les paniers suspendus d'impatiens roses posent une touche de couleur dans ce décor en camaïeu où se fondent les montants gris-vert de la pergola.

D'excellents supports de grimpantes

Les grimpantes montent volontiers à la verticale. Les arcades et pergolas leur offrent des supports de choix, tout en volumes.

Les variétés les plus vigoureuses, comme le chèvrefeuille *(Lonicera sp.)* ou la glycine, coloniseront les poteaux en un rien de temps. Il vous faudra en revanche aider les espèces plus délicates, telles que *Clematis alpina,* et d'autres qui ne s'agrippent pas aussi aisément, comme *Trachelospermum.*

Sur les surfaces peu rugueuses, comme les montants métalliques peints, installez des fils de fer pour aider les plantes lors de leur ascension ; quand elles auront atteint le sommet de la structure, elles s'agripperont d'elles-mêmes.

Les tonnelles, formées d'une succession d'arches voûtées, répandront leur ombre agréable au-dessus d'une allée ou, plus modestement, d'un banc.

Joignez l'utile à l'agréable en palissant sur ces structures une vigne, par exemple, dont les enfants (et hélas, les oiseaux !) se régaleront quand les fruits seront mûrs.

Arcades et tonnelles
Une arcade de roses en fleurs donne un air de fête à cette allée. De telles arches seront plutôt utilisées par deux ou trois de façon à former un tunnel fleuri, léger et aéré.

Le montage d'une pergola

Dans l'exemple choisi ici, la pergola recouvre une allée qui vient d'être pavée. Sa hauteur dépendra de son utilisation ; une voie de passage atteindra 2,50 m, une arche décorative sera plus basse. L'espacement entre 2 piliers doit être à peu près égal à la largeur. Par exemple, pour une largeur d'allée de 1 m ou 1,80 m, l'intervalle entre chaque poteau sera de la même distance.

Commencez par installer les 4 montants des extrémités. Réglez l'alignement au cordeau, puis plantez les autres. Creusez des trous de fondation de 60 cm de profondeur, et de la taille des poteaux (voir p. 42). Préparez du béton avec 1 vol. de ciment pour 4 à 6 vol. de gravier (voir. p. 29) et coulez-le autour des poteaux. Faites-vous aider pour vérifier la verticalité au niveau à bulle.

Attendez que le matériau ait bien pris pour poser les poutres et les chevrons (voir ci-dessous).

Pour ce travail, il faut être deux : tandis que le premier verse le béton dans l'excavation, l'autre vérifie au niveau à bulle que sa surface est parfaitement d'aplomb.

1 *Dressez les poteaux en vérifiant à chaque étape qu'ils sont parfaitement verticaux à l'aide d'un niveau à bulle.*

2 *Coulez le béton en tassant et en lissant à la pelle. Surélevez légèrement l'embase du pilier pour éviter que les eaux de pluie ne stagnent.*

3 *Étayez le poteau dans la meilleure position possible le temps que le béton prenne, puis lissez le mélange à l'aide d'une taloche.*

La construction du toit

Toutes ces structures sont réalisées sur le même principe : des poteaux ou des piliers reliés par des poutres ou des planches. La forme la plus simple est constituée de deux poteaux fixés dans le sol et soutenant une traverse. Toutes les figures, tunnels ou pergolas, en dérivent, même si elles ne comportent que 2 éléments verticaux reliés par un élément horizontal.

Assemblage affleurant
Des planches de même épaisseur, toutes entaillées à mi-bois, sont encastrées les unes dans les autres pour former une surface plane. Ici, les traverses principales prennent appui sur le mur.

Poteaux rustiques
Le montage le plus simple : des piquets cloués ensemble. L'utilisation de bois non traité limite sa durée de vie, mais les poteaux cloués sont très faciles à remplacer.

Assemblage à recouvrement
Dans cette structure, seules les traverses principales sont entaillées, de façon à laisser déborder un peu les transversales. L'extrémité de celles-ci est sculptée d'un chanfrein décoratif.

Ombrages naturels

Choisissez parmi ces plantes, aussi agréables par leurs fleurs que par leur parfum.

Actinidia kolomikta
Akebia quinata
Bougainvillée *(B. glabra)*
Capucine grimpante *(Tropaeolum speciosum, T. tuberosum)*
Chèvrefeuilles *(Lonicera × americana, L. caprifolium, L. periclymenum, L. × tellmanniana)*
Clématites *(Clematis alpina, C. armandii, C. × durandii,* C. 'Gypsy Queen' ; cultivars à grandes fleurs : *C. montana* 'Elizabeth', *C. × macropetala,* C. viticella)
Glycines *(Wisteria floribunda, W. sinensis)*
Houblon doré *(Humulus lupulus* 'Aureus')
Itea *(I. ilicifolia)*
Jasmins *(Jasminum nudiflorum, J. officinale)*
Passiflore *(Passiflora caerulea, P. c.*'Constance Elliott')
Pois de senteur *(Lathyrus odoratus)*
Rosiers (nombreux hybrides de *Rosa* sp., dont 'Golden Showers', 'Madame Grégoire Staechelin', 'Spanish Beauty', 'Mermaid', 'Morning Jewel', 'New Dawn')
Solanum crispum
Vigne vierge et treille *(Vitis coignetiae, V. vinifera* 'Purpurea')

Les pièces d'eau

Il n'est rien de plus agréable qu'un bassin d'ornement ou un jet d'eau pour animer un paysage, surtout s'il se trouve sous climat chaud.

Cependant, ils doivent s'intégrer au jardin par leur style et leur forme. Un bassin circulaire ou carré se marie bien aux lignes d'une composition classique, mais une prairie sauvage sera mieux mise en valeur par un étang, une cascade ou un ruisseau plus informels. Dans un petit jardin citadin, vous préférerez une fontaine murale ou un jet d'eau.

Dans tous les cas, la contenance de la pièce d'eau, qui doit être parfaitement étanche, correspondra à sa fonction, décorative ou pratique.

Le niveau des eaux dormantes d'un bassin sera maintenu. Pour recycler les eaux vives ou relier plusieurs pièces par des torrents, rigoles ou cascades, prévoyez une pompe et un système de filtration adapté au terrain et à ses éventuelles dénivellations, et assurez-vous que les canalisations supporteront le débit nécessaire.

Équilibre des lignes
Les contours nets de ce bassin circulaire adoucissent la masse de la maison. Les dalles courbes de son bord, assorties à celles de la terrasse, font le lien entre la maison et le jardin.

Des bassins étanches

Que vous optiez pour des eaux vives ou dormantes, les parois du bassin de retenue doivent être étanches. La méthode traditionnelle consiste à les enduire d'une couche d'argile, mais les matériaux modernes offrent des solutions plus pratiques :

- Habillez le fond bien tassé d'une bâche souple en polyéthylène, en PVC, ou à base de caoutchouc.
- Achetez un bassin préformé en fibre de verre, ou en plastique rigide, ou utilisez un bac en bois, en métal ou en pierre.
- Coulez sur place une fondation en béton renforcée par un mortier d'étanchéité.
- Appliquez sur le fond de béton ou de brique un revêtement en fibre de verre, matériau souple, étanche et résistant adapté à tous les profils.

La première méthode convient aussi aux petites pièces d'eau et, comme la deuxième, elle est relativement économique.

Fontaine miniature
Dans cette petite cour campagnarde, la fontaine en vasque est mise en valeur par un bord pavé et un anneau fleuri.

Fontaine murale
Un filet d'eau transforme ce bac en pierre en un délicieux point d'eau fraîche. Le recyclage est assuré par une pompe immergée qui a été ingénieusement masquée.

Barrique fleurie
Garni de plantes d'eau, ce demi-tonneau en bois est devenu un minuscule jardin aquatique. Ici, les joncs côtoient des nénuphars miniatures (Nymphea tetragona *et* Typha minima).

L'aménagement d'un bassin à l'aide d'une bâche

Facile à poser, une bâche souple en PVC, polyéthylène ou autres matériaux étanches épouse le profil de la cavité et assure d'excellents résultats. En dessinant les contours du bassin, privilégiez les courbes et les parois inclinées pour éviter les faux plis de la bâche.

Préparez un piquet de repère et quelques jalons en les marquant à 2,5 cm du haut. Délimitez les contours du bassin en piquant les jalons à 30 cm à l'extérieur des bords prévus. Plantez le piquet au centre de la surface à creuser, en l'enfonçant jusqu'à la marque. Sa hauteur vous permettra de vérifier, à l'aide d'un cordeau et d'un niveau à bulle, l'alignement horizontal des jalons.

Creusez d'abord sur la profondeur d'un fer de bêche. Puis recommencez à partir de ce premier palier, jusqu'à obtenir la profondeur et la déclivité souhaitées. Pour vérifier que la bonne profondeur est atteinte, placez une planche en travers du bassin, sur deux jalons périphériques, et vérifiez la profondeur à l'aide du jalon.

Avant de poser le revêtement, retirez les pierres et les racines superficielles. Égalisez la surface des parois, du fond et des paliers, et recouvrez-les d'une couche de sable. Centrez la bâche au-dessus de l'étang, et abaissez-la délicatement jusqu'au fond. Calez-en les bords avec des pavés ou des pierres.

Remplissez très progressivement d'eau, qui va peu à peu plaquer la bâche aux parois. Dès qu'elle est en place et que l'eau est à niveau, retirez les calles.

1 *Commencez par vérifier au niveau à bulle l'alignement des jalons et du piquet de repère.*

2 *Creusez par paliers successifs avec une bêche. Laissez un rebord d'environ 30 cm pour y installer plus tard des plantes.*

3 *Recouvrez le fond, les parois et les paliers d'une couche de 3 à 5 cm de sable humide. Égalisez.*

4 *Mettez la bâche en place et maintenez-en les bords avec des pierres ou des briques. Remplissez d'eau.*

5 *Positionnez les dalles du bord, puis coupez l'excédent de bâche en laissant une marge de 30 cm. Fixez les dalles au mortier gras (1 vol. de ciment, 4 vol. de sable fin). Jointoyez au fur et à mesure.*

La taille de la bâche

Ne vous trompez pas sur les dimensions de la bâche, qui constitue l'élément le plus cher du bassin. Plantez 4 piquets pour délimiter la largeur et la longueur maximales de la structure. Définissez sa plus grande profondeur pour calculer les dimensions :

largeur bâche = l maxi bassin + (profondeur maxi × 2)
longueur bâche = L maxi. bassin + (p. maxi × 2).
Pour le bassin illustré ci-dessus (l = 1,50 m, L = 2,20 m et p. = 0,75 m)
l bâche = 1,50 m + (0,75 m × 2) = 3 m
L bâche = 2,20 m + (0,75 m × 2) = 3,70 m

Le bassin terminé
La magie de quelques massifs de fleurs et de verdure, de joncs et de nénuphars métamorphosera un bassin. Dissimulez la bâche sous des bordures dallées ou pavées soulignant le style du jardin. Laissez déborder légèrement les dalles au-dessus de l'eau. Déposez une couche de bonne terre au fond du bassin et sur les bords, pour stabiliser la température de l'eau et maintenir un milieu bactérien indispensable aux plantes et aux poissons.

Les conteneurs et les pots

À défaut de pouvoir planter en pleine terre, meublez vos terrasses, cours, allées, balcons et rebords de fenêtre de plantes en pots. Des bacs à fleurs aux jardinières, en passant par l'infinie variété des pots en terre cuite ou en céramique, créez des compositions originales, qui seront bien adaptées à l'environnement.

Ce type de plantation présente bien des avantages : grâce à leur mobilité notamment, vous modifierez les agencements au fil des saisons. Garnis de terre de bruyère (acide) ou d'un compost alcalin, les pots permettent de réunir dans un même espace des végétaux qui ont pourtant besoin de milieux diamétralement opposés.

Cependant, vous devrez y porter davantage d'attention, car la terre s'y assèche et s'y appauvrit plus vite qu'en plein jardin ; il est donc capital de l'arroser et de lui apporter régulièrement de l'engrais.

Surveillez également la croissance des plantes et rempotez-les dès qu'elles vous semblent à l'étroit pour qu'elles ne s'étiolent pas.

Symphonie de couleurs
Les feuillages contrastés se marient aux fleurs bleues, mauves et jaunes pour animer ce petit coin de bois et de pavés. La variété des pots accentue l'exubérance du décor.

Les appliques murales

Dans un petit jardin, complétez les plantations au sol en fleurissant les parois. Fixées directement ou sur un treillis, des appliques assorties habillent à merveille les pignons trop lumineux ou les façades ternes.

Elles meublent particulièrement bien les espaces coincés entre deux hauts murs, où la lumière est rare. Reprenez le même motif à plusieurs endroits pour apporter une certaine unité. Pour conserver toute l'année ce jardin mural, changez les plantes en fonction de leur époque de floraison.

Harmonie en bleu
Cette composition de pensées bleues en pots de terre accrochés à un espalier est dominée par une rangée de lavandes en jardinière.

Planter dans une applique

1 *Tapissez le fond du pot de gravier. Remplissez-le à moitié de terreau, puis disposez une plante.*

2 *Achevez votre composition et comblez avec du terreau jusqu'à 3 cm du rebord. Arrosez bien et fixez au mur.*

Les bacs et autres conteneurs

Entre le bois, la terre cuite, la pierre et le fil de fer, vous n'aurez que l'embarras du choix, à condition que vos conteneurs soient assortis.

Méfiez-vous des accumulations excessives. Limitée à quelques couleurs ou matériaux, votre composition sera plus réussie.

Prévoyez de grandes caisses pour les arbustes et les plantes ornementales, telles que la cordyline. Encadrez un escalier ou une porte d'entrée avec 2 topiaires en buis dressés dans des bacs à orangerie.

Sur un rebord de fenêtre, une jardinière en bois peint ou en terre cuite sera mise en valeur par la forme arrondie de 2 pots, qui la flanqueront de chaque côté, comme au garde-à-vous.

Si vous êtes chineur, vous trouverez mille et un objets qui, une fois garnis de plantes, prendront une tout autre dimension : chaudron, abreuvoir, vieil évier en pierre, brouette d'enfant… Un coup de peinture suffit à transfigurer un vieux bidon en fer-blanc ou en plastique. Ménagez à la base de ces bacs improvisés des trous de drainage, et garnissez le fond de galets pour que la terre ne les obstrue pas. Rempotez les plantes tous les 2 ans.

Caisses en bois
Aussi résistant que soit le bois, protégez l'intérieur et la base des conteneurs avec un produit spécial, qui ne risque pas d'empoisonner les plantes voisines.

Pot en pierre
Grès, béton ou pierre naturelle n'exigent aucun traitement particulier. Le béton étant alcalin, isolez l'intérieur du pot si vous le destinez à des plantes qui n'aiment que les sols acides (camélias, rhododendrons, azalées…).

Conteneur métallique
Enduisez le fer ou l'acier d'une peinture ou d'un vernis antirouille. Le plomb et le zinc étant toxiques, passez une couche de peinture latex sur l'intérieur du récipient, ou tapissez-le d'une épaisse feuille de polyéthylène.

Les paniers suspendus

Ils sont parfaits pour rythmer l'espace et mettre une plante en valeur. Ils autorisent de superbes agencements, mais imposent en revanche un arrosage fréquent, car ils sont très exposés au vent, qui dessèche rapidement leur terre. Pour pallier cet inconvénient, vous pouvez leur incorporer des granulés qui retiennent l'humidité ; cependant, en été, il faudra leur donner de l'eau tous les jours, surtout s'ils se trouvent en plein soleil. Il est aussi indispensable de les nourrir pendant leur période de croissance ; donnez-leur de l'engrais au moment de la plantation.

Limitez leur gamme de couleurs, soit avec deux teintes contrastées soit avec un dégradé pastel. Garnissez abondamment les pots de plantes rampantes et retombantes à petites feuilles, telles que pétunia, géranium, lierre, lobélia ou capucine. Dans les paniers suspendus, jouez sur une ou deux couleurs.

Suspension mixte
Dans les paniers suspendus, jouez sur une ou deux couleurs. Le géranium est ici associé au lobélia pour former une cascade touffue où les teintes se répondent.

Remplir un panier

1 *Tapissez le fond et les parois de mousse, puis d'une feuille de plastique perforée. Remplissez à moitié de terreau.*

2 *Installez votre composition en disposant quelques plantes en biais, de sorte qu'elles cachent rapidement leur conteneur.*

Les plates-bandes et les parterres

Fleuron de l'art paysager – et quel jardinier ne rêve pas d'exceller dans ce domaine –, les plates-bandes déploient dans un jardin leurs couleurs vibrantes. Mais pour donner toute leur mesure, elles exigent un agencement parfaitement étudié. Dimensions, croissance, période de floraison et couleurs sont tout aussi importantes. Si vous voulez avoir des fleurs toute l'année, la sélection sera cependant délicate.

Dans un premier temps, restez-en aux compositions classiques, associant arbustes et vivaces. Ces dernières, qui sont superbes en période de floraison, sont en revanche très éphémères. Si vous avez la chance d'avoir suffisamment d'espace, plantez une plate-bande pour chaque saison, en regroupant les printanières, les estivales et les automnales.

Couleurs d'été
Les coquelicots (Papaver orientalis), Sambucus nigra *et* Spiraea japonica *'Goldflame' déclinent leur palette de rouges, jaunes et orangés, qui donnent de l'exubérance et de l'harmonie à cette plate-bande estivale.*

Les arbustes de mi-ombre

Mieux vaut réserver les zones de mi-ombre aux arbustes, qui réclament beaucoup moins de soleil que la plupart des vivaces.

Pour réussir ce genre de plate-bande, alternez des feuillus et des conifères mêlant des feuillages de diverses couleurs et textures, de sorte qu'en fin de floraison, la composition garde une belle tenue.

Dans l'exemple ci-contre, quelques vivaces donnent le rythme, ponctué par quelques touches claires : un géranium vivace pour son bleu lavande au milieu de l'été, et des rudbeckias pour leur éclat jaune à la fin de la saison.

Les senteurs n'ont pas été oubliées, avec le seringa et l'éléagnus, qui voisinent avec un berbéris pourpre-rouge.

Les arbustes sont tous plantés individuellement, les vivaces comblent les espaces vides par groupes de 3 à 5.

Un exemple de composition

1 *Cotoneaster frigidus*
2 *Miscanthus sinensis* (comme 'Silver Feather')
3 *Fuchsia riccartonii*
4 *Buddleja davidii* 'Black Knight' (à fleurs pourpre profond)
5 *Elaeagnus* × *ebbingei* 'Limelight'
6 *Philadelphus* 'Belle Étoile'
7 *Juniperus* × *media* 'Mint Julep'
8 *Hydrangea quercifolia* 'Snow Queen'
9 *Potentilla* 'Goldfinger'
10 *Spiraea japonica* 'Goldflame'
11 *Berberis thunbergii* 'Dart's Red Lady'
12 *Rudbeckia fulgida* 'Goldsturm'
13 *Weigela florida*
14 *Carex morrowii* 'Evergold'
15 *Acanthus spinosus*
16 *Geranium* 'Johnson's Blue'
17 *Thuja* 'Smaragd' (ou n'importe quel autre petit arbuste persistant conique)
18 *Euonymus* 'Emerald and Gold'

Couleur et forme
La tonalité de cette plate-bande est donnée par les ors, les pourpres, les orange-rouille et les bleus. Les couleurs et les formes du feuillage jouent un rôle capital, apportant de l'intérêt toute l'année.

Les vivaces de plein soleil

Un parterre débordant de fleurs est le rêve de tout jardinier. Prévoyez la disposition des plantes en fonction de leur taille, de sorte que les plus hautes ne masquent pas leurs voisines. Établissez un bon calendrier de floraison et choisissez vos fleurs pour qu'elles « explosent » toutes en même temps dans un feu d'artifice de couleurs.

Dans le doute, limitez-vous à un seul coloris (jaune ou blanc), à quelques tons pastel (rose, mauve, bleu et blanc), ou jouez sur les contrastes vifs (jaune, orangé, pourpre et bleu).

Ici, la composition repose autant sur les couleurs vives des fleurs (rudbeckias jaunes, héléniums jaune orangé) que sur la richesse tonale des feuillages pourpre éclatant de la sauge (*Salvia officinalis* 'Purpurescens') et rouge-pourpre de l'orpin *(Sedum telephium)*. Des buissons d'hortensias et de fusain structurent l'ensemble.

Éclats d'été
Pourpre, rouge, bleu, jaune et blanc : en été, les couleurs se marient en plates-bandes éclatantes. L'intérêt du feuillage est dû ici à la canche (Deschampsia caespitosa) *et à la fétuque* (Festuca glauca).

Un exemple de composition

1 *Rudbeckia* 'Goldsturm'
2 *Deschampsia caespitosa*
3 Hybride de *Delphinium*
4 *Helenium* à fleurs couleur bronze (tel H. 'Coppelia')
5 *Phlox paniculata*
6 *Echinops ritro*
7 *Leucanthemum maximum*
8 *Sedum telephium*
9 *Salvia uliginosa*
10 *Gaillardia*
11 *Iris sibirica*
12 *Euphorbia griffithii* 'Fireglow'
13 *Aster amellus* 'Vanity'
14 *Hemerocallis* sp.
15 *Erysimum alpinum*
16 *Helichrysum italicum*
17 *Penstemon* (tel 'Sour Grapes')
18 *Coreopsis verticillata*
19 *Hemerocallis* 'Hyperion'
20 *Festuca glauca*
21 *Geranium magnificum*
22 *Salvia officinalis* 'Purpurascens'

Des parterres printaniers

Dès qu'elles percent au pied des arbustes, les plantes à bulbe annoncent le printemps. Parmi les nombreuses espèces, sélectionnez celles qui conviendront le mieux aux dimensions et à l'esprit de votre jardin. Plantez dès l'automne un massif de tulipes variées, ou mariez dans vos plates-bandes tulipes et pensées ou giroflées. Plus facile à entretenir, un parterre de jacinthes, de muscaris et de chionodoxas naturalisés sera aussi plus champêtre.

Essayez les forsythias, hamamélis, magnolias, rhododendrons, camélias et lilas, associés aux hellébores, bergénias, aubriètes ou alisses. Piquez dans ces compositions quelques narcisses, jonquilles, tulipes, muscaris et crocus ou, pour plus d'originalité, des fritillaires et des dents-de-chien. Du début du printemps jusqu'à la fin mai, ces plates-bandes égaieront le jardin. Puis les bulbes entrent en repos, installez alors à leur place des fleurs d'été ou d'automne.

Les grands classiques
Narcisses, euphorbes, tulipes 'China Pink' et géraniums : une plate-bande printanière.

Fleurs dans la prairie
Tulipes 'Spring Green' et jacinthes alternent dans cette composition libre.

Les massifs

Plus intéressantes qu'un massif uniquement composé d'arbustes, les bordures mixtes d'arbustes à fleurs et de vivaces apportent de la variété tout au long de l'année. Dans tous les cas, les arbustes seront plantés, soit au fond, contre le mur, soit au centre d'un îlot isolé sur une pelouse. La composition sera toujours plus réussie si elle est légèrement dissymétrique.

Choisissez une plante sculpturale qui en marquera le centre, en privilégiant les arbustes à feuilles persistantes, les conifères nains ou les plantes à feuillage lancéolé, comme la cordyline. Décentrez-la et échelonnez ensuite les arbustes plus petits, les arbrisseaux, les touffes de vivaces arbustives, en réservant les plus petites fleurs pour le pourtour extérieur.

Massifs isolés
Répartis sur une grande pelouse, ces îlots fleuris offrent l'opportunité de tester différents types d'arrangements.

Créer un massif surélevé

Bâti en appui contre un mur ou un muret de soutènement ou dressé au milieu d'une petite cour, le massif surélevé convient à toutes les situations.

L'ouvrage proposé se compose d'un mur intérieur en béton cellulaire et d'un mur de parement en briques crues, séparés par un petit interstice. Il est posé sur un socle légèrement plus large et haut de 30 cm.

Délimitez au cordeau l'emplacement du massif. La largeur du socle doit être légèrement supérieure à celle du muret. Ici, on a ajouté 3,5 cm de chaque côté du muret épais de 23 cm ; le socle est donc large de 30 cm.

Montez les éléments de la maçonnerie, puis tapissez-en le fond d'une couche de 8 cm de graviers ou d'un autre matériau de drainage. Remplissez le bac de terre végétale, de terreau ou, si vous le destinez à des plantes aimant les sols acides, de terre de bruyère.

Effets d'échelle
Habillez les abords du massif surélevé de plantes de différentes hauteurs pour créer un dégradé.

1 *Creusez une tranchée aux dimensions du socle, puis coulez la semelle de béton. Laissez prendre toute une nuit.*

2 *Montez la paroi intérieure en béton cellulaire. Posez chaque rangée sur un lit de mortier de 1 cm et enduisez une des extrémités de chaque pierre de mortier de joint.*

3 *Commencez par poser les angles du mur de parement, puis montez les longueurs sur 3 ou 4 rangées. Vérifiez l'alignement en tirant un cordeau entre les quatre coins de la structure.*

4 *Terminez le rebord par une rangée de briques posées à plat, recouvrant les deux murets.*

Un îlot des quatre saisons

En raison de sa position centrale et bien visible, un îlot doit garder son attrait tout au long de l'année et de la tenue été comme hiver. La sélection des végétaux qui le composeront est donc très importante. Optez pour des plantes sculpturales, et prévoyez une belle floraison printanière ou estivale, qui sera soutenue en automne par des feuillages ou des fruits spectaculaires. Les bulbeuses de printemps et d'automne – tulipes, narcisses, crocus – rallongent la période de floraison et n'occupent pas beaucoup de place. Quand elles seront flétries, elles seront cachées par les vivaces. Quelques plantes à feuillage persistant sont aussi nécessaires pour garder sa forme au massif en hiver. Et n'oubliez pas que vos plantes seront vues de tous les côtés. Ici, les grandes plantes sont disposées isolément, les plus petites par groupes de 3 ou 5, en fonction de leur taille.

Un exemple de composition

1 *Festuca glauca*
2 *Doronicum orientale* 'Spring Beauty'
3 *Aster novi-belgii*
4 *Phlox paniculata* 'Fujiyama'
5 *Phlox* 'David'
6 *Tulipa* 'White Triumphator'
7 *Hemerocallis* 'Pink Damask'
8 *Stipa gigantea*
9 *Penstemon* 'Sour Grapes'
10 *Juniper chinensis* 'Pyramidalis'
11 *Geranium phaeum*
12 *Phormium tenax*
13 *Agapanthus africanus* 'Bressingham Blue'
14 *Euphorbia amygdaloides*
15 *Coreopsis verticillata* 'Moonbeam'
16 *Hosta* × *tardiana* 'Halcyon'
17 *Artemisia absinthium* 'Lambrook Silver'
18 *Scabiosa caucasia* 'Butterfly Blue'
19 *Liatris spicata*
20 *Iris pallida* 'Argentea Variegata'
21 *Helleborus orientalis* 'Heartsease'
22 *Alchemilla mollis*
23 *Berberis thunbergii atropurpurea*

Le massif au printemps
Après la profusion de coloris des feuillages d'hiver (ceux du genévrier, du berbéris, du phormium, de la festuque ou de l'euphorbe), le renouveau du printemps est marqué par la couleur des tulipes, des doronics et des hellébores.

Le massif en été
Il resplendit de scabieuses, de penstémons, d'iris, de géraniums, d'asters et de phlox, tous épanouis, étoffés des feuillages originaux des hostas et des alchémilles.

Composition de milieu humide

Les berges d'un étang ou un sol très humide se prêtent parfaitement à une composition de plantes de marais.

Certaines des plus belles plantes proviennent de terrains et de climats humides. Leur feuillage exubérant, d'un vert tendre et reposant, suffit à marquer un point fort du décor. Ainsi, la rhubarbe d'ornement s'allie harmonieusement avec les feuillages décoratifs des rodgersias, des hostas et des bambous.

Groupez de préférence ce massif sur une seule berge de l'étang, et veillez à ce qu'il soit suffisamment fourni. Si l'étang est assez profond (90 cm au moins), laissez-y flotter librement une ou deux plantes aquatiques.

Ici, les plantes sont groupées par 3, sauf *Glyceria* (1) et *Aponogeton* (1).

Un jardin de marais
Sur un tapis de primevères, une gerbe d'iris fait d'un simple marécage un coin très lumineux.

Un exemple de composition

1 *Glyceria maxima* 'Variegata'
2 *Polygonum bistorta* 'Superbum'
3 *Rodgersia podophylla*
4 *Iris sibirica* 'Persimmon'
5 *Hosta* 'Francee'
6 *Astilbe chinensis* 'Elizabeth Bloom'
7 *Aponogeton distachyos*

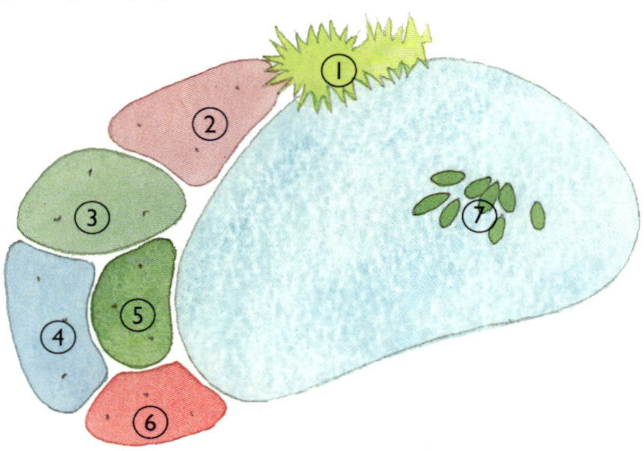

Bord d'étang feuillu
Regroupez votre composition sur un des côtés de l'étang : elle sera plus élégante. Ne vous privez pas du beau feuillage de Glyceria maxima.

Les coins humides et ombragés

Bien des plantes apprécient de vivre les pieds dans l'eau et savent embellir les zones ombragées : les hostas, les graminées, ou des plantes de terre acide comme les fougères ou les rhododendrons, ou bien encore *Cimicifuga simplex,* qui n'aime pas du tout le soleil. Les vivaces fleuries les plus spectaculaires sont notamment l'aconit *(Aconitum),* certaines euphorbes, *Polygonum*, *Thalictrum* et *Veratrum*. Les plantes sont groupées par 3, sauf *Hydrangea* (1).

Ombre fraîche
Ce petit groupe de vivaces, de fougères, de graminées et d'arbustes apprécie l'ombre humide. Plusieurs vivaces ont des fleurs blanches qui contrastent joliment avec le vert.

Un exemple de composition

1 *Carex eliata* 'Aurea'
2 *Anemone japonica* 'Louise Whink'
3 *Hydrangea quercifolia*
4 *Hosta sieboldiana* 'Frances Williams'
5 *Polystichum setiferum*
6 *Polygonum amplexicaule atrosanguineum*

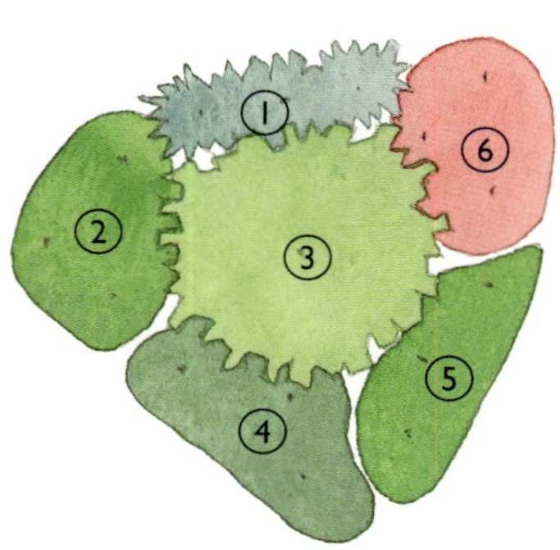

Les coins secs et ensoleillés

Les plantes des régions arides arborent souvent des couleurs éclatantes et des feuilles épaisses de taille réduite, adaptées aux sécheresses prolongées.

Parmi les espèces les plus décoratives figurent les chardons et les petites vivaces à feuilles grises, telles *Stachys byzantina*, l'armoise (*Artemisia* sp.) et le séneçon *(Senecio)*. Plantées en massifs denses, de nombreuses espèces de géraniums, hélianthèmes, immortelles et œillets prospèrent en plein soleil. Pensez aussi aux graminées et aux petites variétés de penstémon et de phlox. Jouez sur les hauteurs et limitez-vous à une ou deux couleurs.

Ici, les plantes sont groupées par 3, sauf *Cystus* (1) et *Yucca* (1).

Hymne au soleil
Genêts (Genista aetnensis), *lychnis et* Astromeria ligtu *déploient sous le soleil leurs couleurs éclatantes.*

Un exemple de composition
1 *Eryngium* × *oliverianum*
2 *Cistus* × *purpureus*
3 *Hemerocallis hyperion*
4 *Euphorbia amygdaloides* 'Purpurea'
5 *Yucca filamentosa*
6 *Aster ameleus* 'Veilchen Königin'

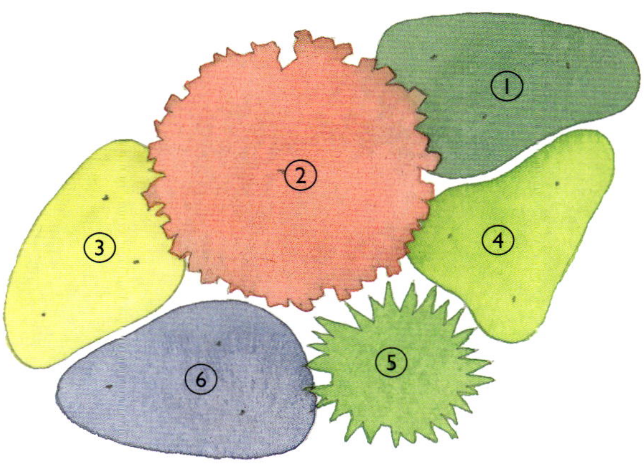

Un air de Méditerranée
Ces plantes aiment la chaleur et le soleil. Le yucca donne une structure au massif tandis que le cyste dresse sa silhouette parée de fleurs vivement colorées.

Les coins secs et ombragés

Dans les petits jardins citadins cernés de hauts murs, les massifs reçoivent aussi peu de pluie que de lumière. Dans de telles conditions, les espèces rustiques les plus volumineuses que vous pourrez planter sont la digitale, l'alchémille, la pulmonaire et l'hellébore. Ici, les plantes sont groupées par 3, sauf *Mahonia* (1).

Ombre sèche
Parmi les plantes à feuillage qui apprécient bien l'ombre sèche figurent l'euonymus et le bugle rampant (Ajuga reptans).

Un exemple de composition
1 *Dryopteris filix-mas*
2 *Euonymus* 'Emerald and Gold'
3 *Mahonia* 'Charity'
4 *Ajuga reptans* 'Catlin's Giant'
5 *Iris foetidissima* 'Citrina'
6 *Alchemilla mollis*

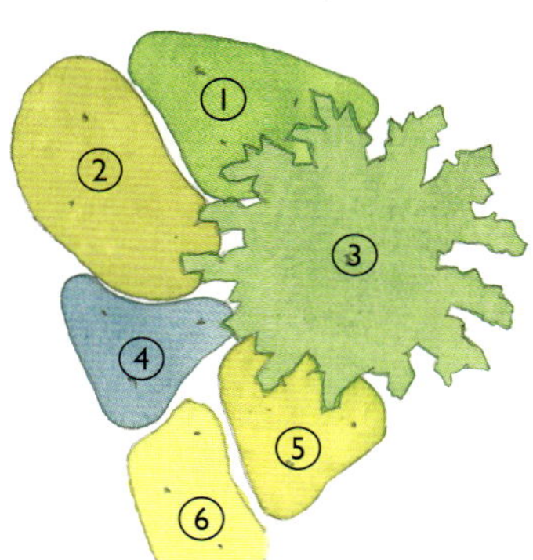

Les jardins de poche

En ville, où la pleine terre est rare, l'espace végétal se limite souvent à une terrasse dallée ou à un balcon étroit. Garni de plantes en pots, un jardin suspendu offre mille et une ressources.

Comme pour les massifs et plates-bandes, les compositions doivent être bien pensées et harmonieuses, et associer les qualités des feuillages à celles des fleurs. Le choix des pots et conteneurs est primordial, puisqu'ils formeront la charpente du paysage. Regroupez-les pour accentuer l'impression d'espace.

La plupart des plantes poussent volontiers dans un tel milieu, mais il faudra vous en occuper davantage que des autres – notamment en les arrosant, car elles se dessèchent rapidement, et en leur apportant de l'engrais, car elles manquent souvent de nutriments. Rempotez-les tous les 2 ans, ou dès qu'elles semblent à l'étroit.

Un jardin sur le toit
Thamnocalamus murieliae *et le rosier 'Schneewitchen' retombent en cascades végétales dans ce jardin suspendu.*

Les balcons

Ingéniez-vous à tirer parti du moindre recoin. Aux espèces à port étalé, préférez celles qui ont une forme de fuseau ou de cône, ou de jolies rampantes qui se glisseront sur le rebord d'un muret ou d'une rampe.

Les murs seront le domaine des grimpantes. Regroupez les plantes en pots dans un coin du balcon afin de ménager de la place pour vos fauteuils et votre table.

Vous adapterez l'agencement proposé ici à la taille de votre balcon. Quelques plantes sculpturales (bambou et phormium) font bon ménage avec des grimpantes (*Akebia* et clématite). Un arbuste à feuillage persistant, ou deux *(Juniperus, Choysia)* donnent du volume à la composition, tandis que les vivaces mettent une note de couleur. Un bouquet de lavande embaume l'air de son parfum.

Ici, les plantes sont toutes installées isolément, sauf *Lavandula* (5 pieds), *Agapanthus* (3) et *Sedum* (3).

Un exemple de composition

1 *Arundinaria auricoma*
2 *Akebia quinata*
3 *Choisya ternata*
4 *Rosa* 'Happy Child'
5 *Helichrysum angustifolium*
6 *Solanum crispum*
7 *Agapanthus* 'Headbourne Hybrides'
8 *Fuchsia* 'Mrs Popple'
9 *Sedum* 'Vera Jameson'
10 *Hedera helix* 'Glacier'
11 *Lavandula angustifolia* 'Hidcote'
12 *Juniperus virginiana* 'Sulphur Spray'
13 *Clematis* 'Gipsy Queen'
14 *Phormium tenax purpureum*
15 *Akebia quinata*
16 *Hebe* 'Midsummer Beauty"
17 *Hosta* 'Halcyon'

Un balcon pour toute l'année
Un mélange de vivaces en pots, en bacs et sur un treillis offre de l'intérêt toute l'année, et réclame peu d'entretien.

Les terrasses citadines

Au pied d'une haie d'arbustes persistants formant écran, posez les touches de couleur de quelques vivaces. Plantes grimpantes et rampantes définiront les lignes du jardin.

Toutes doivent supporter le plein soleil et une relative sécheresse. Des conteneurs de formes et dimensions variées mettront mieux encore en valeur le décor végétal.

Un exemple de composition

1 *Campanula portenschlagiana*
2 *Arundinaria auricoma*
3 *Clematis macropetala*
4 *Choisya* 'Aztec Pearl'
5 *Anthemis cupaniana*
6 *Weigela* 'Victoria'
7 *Clematis* 'Gipsy Queen'
8 *Agapanthus* 'Headbourne Hybrides'
9 *Juniperus* 'Sulphur Spray'
10 *Sedum* sp.
11 *Fuchsia* 'Mrs Popple'
12 *Rosa*
13 *Phormium tenax purpureum*
14 *Salvia officinalis* 'Purpurascens'
15 *Elaeagnus ebbingei*
16 *Choisya ternata* 'Sundance'
17 *Parthenocissus tricuspidata*
18 *Thuja plicata* 'Atrovirens'
19 *Ceanothus* 'Blue Mound'
20 *Hedera helix* 'Glacier'
21 *Thuja plicata* 'Atrovirens'
22 *Juniperus horizontalis* 'Gold Sovereign'
23 *Parthenocissus tricuspidata*
24 *Philadelphus* 'Belle Étoile'
25 *Humulus lupus* 'Aureus'
26 *Hebe* 'Mrs Winder'
27 *Helichrysum italicum*
28 *Lonicera* × *americana*
29 *Potentilla fruticosa* 'Kobold'
30 *Aster* 'Violet Queen'
31 *Rosa* 'Evelyn Fison'
32 *Achnaterum calamagrostis*
33 *Akebia quinata*
34 *Hydrangea quercifolia* 'Snow Queen'
35 *Campanula portenschlagiana*

Un haut refuge

La disposition classique de ces pots laisse suffisamment de place pour installer une table et des chaises, ou simplement un fauteuil où se prélasser.

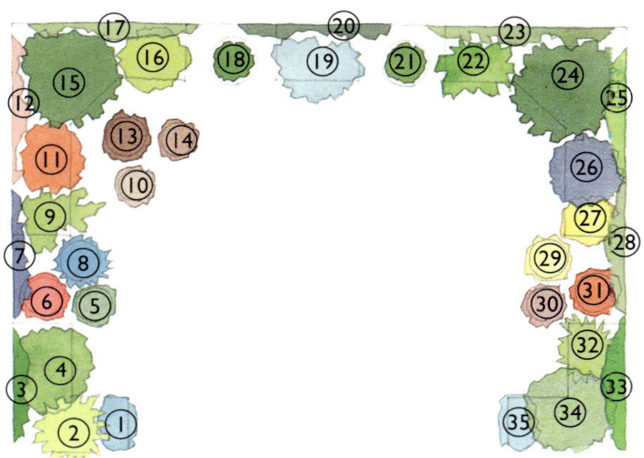

Les coins retirés

Quelques plantes harmonieusement regroupées suffisent à animer un coin sans intérêt. Osez les couleurs et les effets les plus hardis. Ces deux compositions sont prévues l'une pour le soleil, l'autre pour l'ombre. Mais, dans les deux cas, vous pourrez remplacer les pots de vivaces fleurissant en été par des potées de bulbes de printemps.

Les plantes de mi-ombre

1 *Clematis macropetala*
2 *Vitis cognetiae*
3 *Hydrangea serrata* 'Preziosa'
4 *Acer palmatum dissectum atropurpureum*
5 *Agapanthus* 'Headbourne Hybrides'
6 *Alchemilla mollis*
7 *Euonymus fortunei* 'Emerald and Gold'

Soleil ou ombre

Ces deux compositions animeront un coin retiré. Mais, pour que vos plantes restent en bonne santé, arrosez-les souvent et donnez-leur de l'engrais.

Les plantes de soleil

1 *Rosa* 'Alfred Carriere'
2 *Clematis* 'Elsa Späth'
3 *Elaeagnus* × *ebbingei* 'Limelight'
4 *Phormium tenax purpureum*
5 *Lilium regale*
6 *Ceanothus* 'Blue Mound'
7 *Sedum* 'Vera Jameson'
8 *Pinus mugo* 'Ophir'

Des décors astucieux

Si les massifs et plates-bandes constituent les points forts du décor végétal, les autres espaces du jardin participent également à son atmosphère. C'est dans ces lieux que vous créerez les centres d'intérêt, que ce soit un bassin, un massif surélevé ou un recoin attractif. L'important est de ménager les transitions d'un espace à l'autre, pour qu'ils ne heurtent pas le regard.

Rien ne vous interdit d'aménager un jardin sec, qui prendra des airs de Méditerranée, près de la terrasse, et un petit coin fleuri sous les bosquets, mais le passage doit se faire très progressivement pour ne pas heurter le regard.

De même, attachez-vous aux associations heureuses de couleurs : ne faites pas voisiner une composition fondée sur des tons pastel avec un massif aux teintes éclatantes, qui l'éclipserait forcément.

Luxe, calme et sérénité
Le point d'eau s'étend devant le mur de brique, associant dans un même espace plantes hydrophiles et grimpantes.

L'habillage des murs et des clôtures

Les structures verticales (façades, murs et clôtures) déroutent parfois les débutants.

Et pourtant, elles offrent un support idéal aux plantes grimpantes, qui présentent tous les atouts pour embellir le jardin.

Dans un petit espace, elles multiplient les possibilités de compositions fleuries qui sont presque toujours une réussite : entrelacez un rosier grimpant et une clématite qui, tour à tour, animeront une façade de fleurs et de feuillages. Les grimpantes à feuillage persistant habilleront les murs et clôtures toute l'année. Dans les zones d'ombre, pensez aux superbes hortensias grimpants et aux pampres de vigne.

Certaines grimpantes, comme la glycine, sont si vigoureuses qu'il vous faudra les rabattre de temps en temps pour les discipliner et favoriser leur floraison.

Ton sur ton
Juchées sur un rebord de muret qu'elles dissimulent, les herbes aromatiques se mêlent à une paroi de lierre.

Les recoins ingrats

Tout terrain a son talon d'Achille, mais on peut s'en accommoder par quelques méthodes relativement simples.

S'il est particulièrement ombragé et que la lumière ne l'atteigne jamais, ne vous obstinez pas à vouloir y faire éclore des fleurs.

Tapissé de plantes aimant l'ombre, aux feuillages variés, il trouvera son caractère et aura un aspect plus reposant.

Sélectionnez des espèces adaptées à la nature de votre sol.

Certains lierres supportent aussi bien la sécheresse que l'absence de lumière. Associés à une belle statue ou plantés dans un conteneur original, ils créeront une impression de mystère.

Si l'endroit est suffisamment humide, placez les hostas, fougères et impatiens dans un endroit ombragé.

Les cœurs-de-Marie, heuchères et tiarellas, elles, se plaisent davantage à mi-ombre.

Les plantations en pots sont de précieuses alliées pour meubler ces recoins, d'autant plus que vous pourrez leur faire prendre le soleil de temps en temps.

Et si le terrain est vraiment inculte, un jardin minéral sera souvent du plus bel effet.

Une retraite fleurie
Ce mur mitoyen disparaît sous un treillis envahi de fleurs, tandis que les plantes d'ombre forment un charmant tapis.

Les camouflages

Un treillis garni ou une belle haie permettent de masquer une vue peu engageante ou d'isoler un coin de jardin. Cependant, méfiez-vous des espèces à croissance rapide, qui offrent certes une solution immédiate, mais risquent d'envahir inconsidérément l'espace.

Ainsi, le faux cyprès *(Chamaecyparis lawsoniana)* ne met guère de temps à atteindre les 25 m ! *Elaeagnus*, aux feuilles persistantes à revers gris argenté, pousse tout aussi rapidement, mais au moins se limite-t-il à 5 m – une hauteur plus convenable pour un petit jardin.

Fallopia baldschuanica, une variété de polygonum, formera un écran en un temps record, mais il est si vigoureux que, pour se frayer un chemin vers le ciel, il n'hésite pas à tout écraser sur son passage, et les autres plantes ont bien du mal à lui résister ! Ne l'adoptez que pour le dompter.

Si votre potager se trouve exposé au vent, abritez-le derrière un treillage. Vos légumes y gagneront tout autant que vous ! Faites de même pour isoler un coin repos.

Les plantes en pots sont également d'excellents éléments de camouflage. Bambous, yuccas, lys, rhododendrons, buis, frênes et rosiers grimpants sont tout désignés. Regroupez plusieurs arbustes devant un site disgracieux ; d'une saison à l'autre, vous changerez de décor quand vous le voudrez. Les pots sont cependant souvent très lourds ; pour les déplacer, utilisez une palette métallique à roulettes qui vous évitera de vous casser les reins.

Presque toutes les plantes, jusqu'aux arbres nains, s'accommodent de pousser en pots, et certaines même le préfèrent, à condition d'être régulièrement arrosées – et enrichies d'engrais en période de croissance.

Cache-misère
Derrière les treillis et les plantes en pots, qui imaginerait la présence d'un abri à outils assez disgracieux ou d'affreuses canalisations ?

Les fonds de jardin

Un jardin ne se fait pas en un jour et, pendant la période d'aménagement, il reste toujours quelque part un coin livré aux herbes folles. Jouez alors le jeu de la nature : invitez abeilles, insectes et papillons à venir folâtrer dans les touffes d'orties et de panais. Laissez un petit jardin en prairie sauvage en attendant de semer une pelouse.

S'il est nettement plus grand, choisissez d'ailleurs définitivement cette option si vous préférez faucher une ou deux fois par an plutôt que de tondre toutes les semaines.

Tracez éventuellement un chemin dans les herbes hautes pour pouvoir vous y déplacer plus facilement.

Dans les coins ombragés, un tapis de plantes couvre-sols ne réclamera guère d'entretien, et vous laissera tout votre temps pour vous occuper d'autres endroits qui demandent plus d'attention ; choisissez des espèces résistantes que vous éclaircirez si elles deviennent trop envahissantes.

La nature en liberté
À peine domestiquées, les fleurs des champs rendent ses droits à la nature.

Jardin de rocaille
La valériane et les campanules, très rustiques, prennent volontiers racine dans un sol pierreux et sec.

Plantes pour situations particulières

Les plantes dont la liste suit sont plus particulièrement adaptées à des situations données. Certaines conviennent aux paniers suspendus ou à la plantation en conteneurs, d'autres, tels les arbres ou arbustes à feuilles persistantes, sont plus appropriées à la conception d'un jardin. Diverses vivaces pour massifs sont classées par couleurs, et des espèces au feuillage intéressant sont présentées, permettant de bien marier arbustes et vivaces.

Abréviations
a = annuelle et bisannuelle
a/v = vivace fragile traitée comme une annuelle
b = bulbeuse
g = grimpante
ga = grand arbre ou arbre
pa = petit arbre ou arbuste
v = vivace

Pour conteneurs

Agapanthus (v – bleu)
Ageratum (a – bleu)
Alonsoa (a – orange)
Argyranthemum (a/v – blanc, rose, jaune)
Begonia × *tuberhybrida* (a/v - rose, rouge, orange, blanc)
Begonia semperflorens (a – couleurs panachées)
Bidens ferulifolia (a – jaune)
Brachycome iberidifolia (a – bleu)
Buxus sempervirens (pa – feuillage)
Cordyline australis (v – feuillage)
Diascia (v – rose, orange)
Felicia amelloides (a – bleu)
Fuchsia (pa – rose, pourpre, rouge)
Helichrysum petiolare (a/v – feuillage)
Hosta (v – feuillage)
Hyacinthus (b – couleurs mélangées)
Hydrangea (pa –bleu, rose, blanc)
Impatiens walleriana (a/v – blanc, rose, rouge)
Laurus nobilis (pa – feuillage)
Lobelia (a – bleu, rose, blanc)
Narcissus (b – jaune, blanc)
Nemisia (a – couleurs mélangées)
Pelargonium (a/v – orange, rose, rouge, blanc)
Petunia (a/v – couleurs mélangées)
Phormium (v - feuillage)
Primula (v – couleurs mélangées)
Senecio cinerea (a/v – feuillage)
Tagetes (a – jaune, orange)
Tropaeolum (a – rouge, orange, jaune)
Tulipa (b – couleurs mélangées)
Verbena × *hybrida* (a/v – couleurs mélangées)
Viola × *wittrockiana* (a – couleurs mélangées)

Pour paniers suspendus

Ageratum (a – bleu)
Alonsoa (a – orange)
Argyranthemum (a/v – blanc, rose, jaune)
Begonia × *tuberhybrida* (a/v - rose, rouge, orange, blanc)
Begonia semperflorens (a – couleurs mélangées)
Bidens ferulifolia (a – jaune)
Brachycome iberidifolia (a – bleu)
Diascia (v – rose, orange)
Felicia amelloides (a – bleu)
Fuchsia (pa – rose, pourpre, rouge)
Glechoma hederacea 'Variegata' (a – feuillage)
Hedera helix (v – feuillage)
Helichrysum petiolare (a/v – feuillage)
Impatiens walleriana (a – blanc, rose, rouge)
Lobelia erinus (a – bleu, rose, blanc)
Lotus berthelottii (v – orange, feuillage)
Narcissus (b – jaune, blanc)
Pelargonium (a/v – orange, rose, rouge, blanc)
Petunia (a/v – couleurs mélangées)
Plectranthus coleoides (a/v – feuillage)
Primula (v – couleurs mélangées)
Scaevola (a/v – pourpre, bleu)
Senecio cinerea (a/v – feuillage)
Tagetes (a – jaune, orange)
Tropaeolum (a – rouge, orange, jaune)
Tulipa (b – couleurs mélangées)
Verbena × *hybrida* (a/v – couleurs mélangées)
Viola × *wittrockiana* (a – couleurs mélangées)

Plantes vivaces par couleurs

Fleurs bleu/mauve

Aconitum sp. et cv
Agapanthus sp. et cv
Ajuga reptans
Anchusa azurea
Aquilegia flabellata
Aster amellus
Aster × *frikartii*
Baptisia australis
Brunnera macrophylla
Campanula sp. et cv
Catananche caerulea
Delphinium hybrides
Echinops ritro
Eryngium sp. et cv
Galega officinalis
Gentiana sp. et cv
Geranium sp. et cv
Hosta sp. et cv
Iris sp. et cv
Limonium platyphyllum
Linum narbonense
Lithodora diffusa
Meconopsis sp.
Nepeta sp. et cv
Omphalodes cappadocica
Penstemon heterophyllus
Perovskia atriplicifolia
Platycodon grandoflorus
Polemonium caeruleum
Primula sp. et cv
Pulmonaria sp. et cv
Salvia sp. et cv
Scabiosa caucasica
Tradescantia × *andersoniana*
Verbena rigida
Veronica sp. et cv

Fleurs jaunes, dorées et orange

Achillea sp. et cv
Aurinia saxatilis
Anthemis tinctoria
Asphodeline lutea
Bupthalmum salicifolium
Centaurea macrocephalum
Cephalaria gigantea
Coreopsis verticillata
Digitalis lutea
Euphorbia sp. et cv
Geum 'Lady Stratheden'
Helenium sp. et cv
Helianthus sp. et cv
Heliopsis sp. et cv
Hemerocallis sp. et cv
Hieracium sp. et cv
Inula sp. et cv
Iris pseudacorus
Kniphofia 'Little Maid'
Ligularia sp. et cv
Lysimachia punctata
Lysimachia nummularia 'Aurea'
Oenothera sp. et cv
Paeonia mlokosewitschii
Potentilla recta
Primula sp. et cv
Ranunculus sp. et cv
Rudbeckia sp. et cv
Solidago sp. et cv
Thalictrum flavum ssp. *glaucum*
Trollius sp. et cv
Verbascum sp. et cv

Fleurs rouges

Achillea 'Cerise Queen'
Alcea rosea
Astilbe 'Fanal'
Astrantia major 'Ruby Wedding'
Centranthus ruber
Cosmos atrosanguineus
Dianthus 'Brympton Red'
Geum 'Mrs Bradshaw'
Hemerocallis 'Stafford'
Lobelia 'Cherry Ripe'
Lupinus 'Inverewe Red'
Lychnis chaceldonica
Monarda didyma 'Cambridge Scarlet'
Paeonia sp. et cv
Papaver orientale
Penstemon 'Cherry Ripe'
Persicaria amplexicaulis
Potentilla 'Gibson's Scarlet'

Fleurs roses

Anemone × *hybrida*
Armeria sp. et cv
Aster sp. et cv
Astilbe sp. et cv
Bergenia cordifolia
Dianthus sp. et cv
Diascia sp. et cv
Dicentra sp. et cv
Erigeron 'Charity'

Erodium manescauii
Filipendula sp. et cv
Geranium sp. et cv
Lamium roseum
Linaria purpurea 'Cannon Went'
Lychnis flos-jovis
Lythrum sp. et cv
Malva moschata
Monarda didyma Croftway Pink'
Papaver orientale 'Cedric Morris'
Penstemon 'Hidcote Pink'
Persicaria sp. et cv
Phlox paniculata cv
Phuopsis stylosa
Primula sp. et cv
Sedum spectabile
Sidalcea sp. et cv

Fleurs pourpres
Aster sp. et cv
Centaurea sp. et cv
Echinacea purpurea
Erigeron 'Dunkelste Aller'
Erysimum 'Bowles Mauve'
Geranium sp. et cv
Liatris spicata
Linaria purpurea
Lythrum sp. et cv
Osteospermum jucundum
Penstemon 'Burgundy'
Phlox 'Le Mahdi'
Senecio pulcher
Stachys macrantha
Thalictrum delavayi
Verbena bonariensis

Fleurs blanches
Achillea ptarmica 'The Pearl'
Anaphalis margaritacea
Anemone × *hybrida* 'Honorine Jobert'
Anthemis punctata cupaniana
Argyranthemum frutescens
Aruncus dioicus
Astilbe 'Irrlicht'
Campanula latiloba alba
Crambe cordifolia
Dianthus 'Hayter White'
Dictamnus albus
Echinops sphaerocephalus
Geranium sanguineum 'Album'
Gypsophila paniculata 'Bristol Fairy'
Hosta sp. et cv
Lamium maculatum 'White Nancy'
Leucanthemum 'Everest'
Lysimachia clethroides
Osteospermum 'Whirligig'
Phlox 'Fujiama'
Physostegia virginiana 'Alba'
Polygonatum × *hybridum*
Pulmonaria 'Sissinghurst White'
Romneya coulteri
Smilacina racemosa
Trillum grandiflorum
Yucca sp.

Feuillages colorés
Feuillage argenté
Artemisia sp. et cv (v)
Cerastium tomentosum (v)
Convolvulus cneorum (pa)
Cynara cardunculus (v)
Eleagnus 'Quicksilver' (pa)
Eryngium giganteum (v)
Hebe pingifolia 'Pagei' (pa)
Lavandula angustifolia (pa)
Melianthus major (a/v)
Onopordum sp. (a)
Pyrus salicifolia 'Pendula' (ga)
Santolina chamaecyparis (v)
Senecio cineraria (a/v)
Stachys byzantina (v)
Tanacetum haradjanii (v)

Feuillage pourpre
Acer palmatum 'Atropurpureum' (ga)
Ajuga reptans 'Atropurpurea' (v)
Berberis thunbergii 'Atropurpurea' (pa)
Clematis recta 'Purpurea' (v)
Cordyline australis 'Atropurpurea' (v)
Corylus maxima 'Purpurea' (pa)
Cotinus coggygria 'Royal Purple' (pa)
Dahlia 'Bishop of Llandaff' (v)
Fagus sylvatica 'Riversii' (ga)
Foeniculum vulgare 'Purpureum' (v)
Heuchera micrantha 'Purple Purple' (v)
Lobelia cardinalis (v)
Phormium tenax 'Purpureum' (v)
Prunus cerasifera 'Nigra' (ga)
Ricinus communis 'Gibsonii' (a)
Rosa glauca (pa)
Salvia officinalis 'Purpurascens' (pa)
Sedum maximum atropurpureum (v)
Viola riviniana Groupe Purpurea (v)
Vitis vinifera 'Purpurea' (g)

Feuillage doré
Acer japonicum 'Aurea' (ga)
Carex stricta 'Bowles' Golden' (v)
Filipendula ulmaria 'Aurea' (v)
Fuchsia 'Golden Treasure' (pa)
Gleditsia triacanthos 'Sunburst' (ga)
Hebe armstrongii (pa)
Hedera helix 'Buttercup' (g)
Hosta sp. et cv (v)
Humulus lupulus 'Aureus' (g)
Ligustrum ovalifolium 'Aureum' (pa)
Lonicera nitida 'Baggesen's Gold' (pa)
Lysimachia nummularia 'Aurea' (v)
Milium effusum 'Aureum' (v)
Oreganum vulgare 'Aureum' (v)
Philadelphus coronarius 'Aureus' (pa)
Physocarpus opulifolius 'Luteus' (pa)
Robinia pseudoacacia 'Frisia' (ga)
Sambucus racemosa 'Plumosa Aurea' (pa)
Tanecetum parthenium 'Aureum' (v)
Taxus baccata 'Aurea' (ga)

Feuillage bleu
Elymus magellanicus (v)
Hosta 'Halcyon' (v)
Hosta sieboldiana 'Elegans'(v)

Feuillage panaché
Acer negundo 'Variegatum' (ga)
Aktinidia kolomikta (pa)
Aquilegia vulgaris 'Woodside' (v)
Aralia elata 'Aureovariegata' (ga)
Astrantia major 'Sunningdale Variegated' (v)
Brunnera macrophylla 'Hadspen Cream' (v)
Cornus alba 'Elegantissima' (pa)
Cortaderia selloana ' Gold Band' (v)
Elaeagnus pungens 'Maculata' (pa)
Eryngium bourgatii (v)
Euonymus fortunei 'Emerald and Gold' (pa)
Euphorbia marginata (a)
Fragaria × *ananassa* 'Variegata' (v)
Hakononechloa macra 'Aureola' (v)
Hedera sp. et cv (g)
Hosta sp. et cv (v)
Ilex sp. et cv (ga)
Iris pallida 'Variegata' (v)
Lamium maculatum (v)
Lonicera japonica 'Aureo-reticulata' (g)
Miscanthus sinensis 'Zebrinus' (v)
Phlaris arunindinacea 'Picta' (v)
Phormium tenax 'Sundowner' (v)
Pleioblastus auricomus (v)
Pulmonaria saccharata (v)
Rhamnus alaternus 'Argenteovariegata' (ga)
Salvia officinalis 'Icterina' (pa)
Silybum marianum (a)
Sisyrinchium striatum 'Aunt May' (v)
Symphytum × *uplandicum* 'Variegatum' (v)
Tanecetum vulgare 'Silver Lace' (v)
Vinca major 'Variegata' (pa)

Arbres de petite taille
Acer griseum
Betula pendula 'Youngii'
Cercis siliquastrum
Ilex × *altaclarensis*
Laburnum × *waterei* 'Vosii'
Malus 'Profusion'
Prunus serrula
Pyrus salicifolia 'Pendula'
Sorbus hupehensis

Arbustes à feuillage persistant
Abelia sp. et cv
Azara sp.
Berberis sp. et cv
Buxus sempervirens
Ceanothus sp. et cv
Choisya ternata
Convolvulus cneorum
Cotoneaster sp. et cv
Daphne sp. et cv
Elaeagnus pungens
Escalonia sp. et cv
Euonymus fortunei
Garrya elliptica
Hebe sp. et cv
Ilex sp. et cv
Laurus nobilis
Mahonia sp. et cv
Osmanthus sp. et cv
Photinia sp. et cv
Pieris sp. et cv
Prunus lusitanicus
Rhododendron sp. et cv
Sarcococca sp. et cv
Skimmia japonica
Viburnum tinus
Vinca sp. et cv

Index

Crédits photographiques : (Abréviations : d – droite ; g – gauche ; h – haut ; m – milieu ; c – centre ; b – bas)
Toutes les photographies proviennent de The Garden Picture Library sauf : *The Complete Guide to Gardening with Containers* (Collins & Brown, 1995) : pp. 50 (bg, bc), 51 (bg, bc). Michelle Garrett : pp. 50 (bd), 60 (bg). George Taylor : pp. 26 (cd, bg, bd), 27 (cg, cm, cd, bg, bm, bd), 28 (cg, cm, cd, bg, bd), 29, 30 (cg, cm, encart cm, cd, bg), 31 (cg, cd, bg, bm, bd), 32 (2e rangée g, d, 3e rangée g, m, bg, bm), 33 (cg, cm, cd, bg, bm, bd), 36 (cg, cm, cd, bg, bm, bd), 42 (bc, bd, encart bd), 43, 45 (bg, bd), 47, 49 (hg, hcg, hcd, hd, bg), 54 (cg, cd, bg, bm, bd).